臺灣歷史與文化 研究輯刊

八　編

第 17 冊

從空間到時間：
臺灣閩南語時間起點之概念化研究

郭永松 著

花木蘭文化出版社

國家圖書館出版品預行編目資料

從空間到時間：臺灣閩南語時間起點之概念化研究／郭永松
著 -- 初版 -- 新北市：花木蘭文化出版社，2015〔民 104〕
目 4+184 面；19×26 公分
（臺灣歷史與文化研究輯刊 八編；第 17 冊）
ISBN 978-986-404-443-6（精裝）
1. 閩南語 2. 語言分析 3. 臺灣
733.08　　　　　　　　　　　　　　　　　104015142

ISBN- 978-986-404-443-6

9 789864 044436

臺灣歷史與文化研究輯刊
八　編　第十七冊　　　　　　　　ISBN：978-986-404-443-6

從空間到時間：臺灣閩南語時間起點之概念化研究

作　　　者	郭永松
總 編 輯	杜潔祥
副總編輯	楊嘉樂
編　　輯	許郁翎
出　　版	花木蘭文化出版社
社　　長	高小娟
聯絡地址	235 新北市中和區中安街七二號十三樓
	電話：02-2923-1455／傳真：02-2923-1452
網　　址	http://www.huamulan.tw 信箱 hml 810518@gmail.com
印　　刷	普羅文化出版廣告事業
初　　版	2015 年 9 月
全書字數	162747 字
定　　價	八編 29 冊（精裝）台幣 58,000 元

從空間到時間：
臺灣閩南語時間起點之概念化研究

郭永松　著

作者簡介

郭永松，臺灣省雲林縣人。國立中山大學中國文學系學士。國立中正大學語言學研究所碩士。國立新竹教育大學臺灣語言與語文教育研究所博士。現任敏惠醫護管理專科學校通識教育中心助理教授。學術領域涵蓋漢語認知功能語法與臺灣閩南語語法等方面的研究。

提　　要

　　時間與空間的概念化關係是認知語言學研究的核心領域之一。本論文即是以臺灣閩南語時間起點介詞，即「對（ui3）」、「對（tui3）」、「按」、「自」、「從（tsiong5）」與「從（tsing5）」為研究對象，透過這些介詞的語法及語意表現，探討臺灣閩南語從空間概念擴展出時間起點概念時所採用的認知歷程與概念化機制，並同時探究各時間起點介詞在時間與空間的語意上的差異性。本論文發現各時間起點介詞不管在時間或空間的語意功能方面都具有相異性。其中時間起點介詞在時間語意上的差異性驗證了語言的經濟性與功能性，而其在空間語意上的差異性在某些程度上反映出語法化歷程中的語意滯留。再者，在認知的層面上，雖然大部分的時間起點介詞都透過動態注意、概念換喻或概念隱喻等認知機制而從本義擴展出時間起點概念，並且其概念擴展大都符合具有語言普遍性的語法化歷程，但是各時間起點介詞在共時層面的跨時空概念化歷程仍具有差異性。綜合言之，本論文一方面發現了臺灣閩南語藉由空間概念來概念化時間起點概念的特異性，並且釐清了時間起點介詞在語意與語法上的區別，另一方面也驗證了語法、語意與認知三者之間的緊密聯繫。

致 謝 辭

　　這本博士論文是很多人灌漑的成果，沒有他／她們的支持與協助，本論文必定無法完成。首先要感謝的是國立中正大學語言學研究所的優秀老師們。他／她們在碩士班的修業期間奠定了我堅實的語言學基礎。特別是創所的戴浩一老師，他爲中正語言所樹立了以認知和功能爲本的研究特色，使該所成爲濁水溪以南一座實力堅強的語言學堡壘。戴老師一方面啓蒙與擴展我認知語言學方面的知識與視野，另一方面也擔任我碩士論文的指導教授，使我自己能學到與認知語言學相關的研究方法。他的學問、精神與爲人處事的態度不但引領我進入目前的境界，也勢必在追求人生理想的過程中繼續影響著我。在博士學業的修習過程中，最須感謝的是指導教授葉美利老師，從修課期間的方向指引到論文撰寫時的辛勤指導，她總是不厭其煩，面無慍色的帶領我，一起發掘語料背後所蘊含的眞相。其次要分別感謝論文研究計畫與論文口試的評審委員們，除了戴浩一老師外，包括賴惠玲老師、張榮興老師、黃漢君老師、鄭縈老師與張麗麗老師等，他／她們在口試時都提供了寶貴的意見，使自己能即時修正與補強論文的缺失與弱點。再者要感謝的是在所上修業期間，曾經指導我與陪伴我的師長與同學們，包含湯廷池老師、鄭縈老師、呂菁菁老師、黃美鴻校長、徐碧霞同學與陳嬿庄同學等人。因爲難得的緣分，他／她們與我彼此成爲對方記憶中的一部分，不禁令人感恩與讚嘆。最後要感謝的是自始至終都支持著我的家人，她們的委屈與體諒是我不斷向前的最大動力。在此論文即將完成的時刻，願與上述的所有人分享我所有的喜悅，也希望他／她們祝福我：論文的完成是另一個理想的開始。

目次

圖目次

第一章　前　言

　　本論文主要是從認知的觀點探討臺灣閩南語用以指稱時間起點的介詞如何形成時間語意。就認知層面來說，雖然時間起點無法被人類直接感知，但藉由語言，我們得以窺探時間起點的概念化過程（Evans 2003）。就語言層面而言，作爲漢語系統的一個方言，臺灣閩南語具有與現代漢語相近的語法結構（程祥徽與田小琳 1992），其介詞具有和現代漢語相類似的功能與形式特徵，因此我們可以根據現代漢語其介詞的語法及語意功能來了解臺灣閩南語其介詞的語法及語意屬性。根據相關學者對現代漢語介詞的定義，介詞在語法上通常搭配由名詞所充當的賓語形成介賓詞組。介賓詞組大都出現在動詞的前面或後面來修飾該動詞，因此就語法功能的層面而言，介賓詞組大都擔任狀語的角色，用以修飾充當述語核心的動詞或動詞組。就語意的層面而言，狀語則具有表示事件發生的處所、方向、時間與方式等語意功能（趙元任 1968；呂叔湘 1980；程祥徽與田小琳 1992）。在此基礎上，本論文所探討的對象將鎖定在臺灣閩南語中幾個擔任介賓詞組核心的介詞，由於這些介詞都具有引介時間起點的語意功能，因此本文把這些介詞稱爲「時間起點介詞」。由時間起點介詞與其賓語所組成的時間狀語通常出現在動詞的前面，用以標示情境（situations）內部起點（inception）的時間結構〔註 1〕。再者，我們依

〔註 1〕　我們認爲句子不只指稱事件（events），其亦可指稱狀態（states），因此此處應以能同時涵蓋事件與狀態的情境（situations）來取代事件較爲妥當，我們將在本文的第二章論述事件與情境的差別。

據鄧守信（1985）與 Smith（1990）的觀點，認為情境無法只由單一的動詞來指稱，而必須依靠整個述語來加以指涉。因此，用以充當狀語並且引介時間起點的介賓詞組其在語法上的影響範圍應提昇至句子層次而涵蓋整個述語。在語意上，由於時間起點介詞所引介的時間概念是情境的一部分，其語意的探討應放在整個情境的框架下來進行。

　　認知觀點的時間語意研究基本上等同於時間的概念化研究。根據認知語法對概念化的定義（Langacker 1987, 1990, 1999, 2001；李福印 2008），概念化可被視為是形成概念的認知活動，其等同於意義。換句話說，語言的意義就是一種概念化。我們說語意是一種概念化而不說它是一種概念，是因為概念化的動態性反映在語意上，進而使語意也具有動態性。根據此定義，時間的概念化研究必須能呈現出這種語意的動態性。這裡所謂的動態性是指語意受到概念主體，即人類，其識解運作方式（construal operation）的制約（Croft and Cruse 2004）。具體而言，概念主體對同一客觀情境的識解方式不同，其所形成的語意就有所不同。換句話說，語意是一種不斷變動而非固定的概念，語意的形成取決於概念主體對概念內容的識解運作方式。再者，許多的研究文獻已表明，時間概念並不是一種最基本的概念結構，其通常產生自空間概念結構的擴展（Clark 1973；Traugott 1978；Lakoff & Johnson 1980；Tai 1989；Lakoff 1993；Biq, Tai and Thompson 1996；Haspelmath 1997； Boroditsky 2000；Radden 2003；Casasanto & Boroditsky 2008）。在上述的基礎上，時間的概念化研究也必須能說明時間概念結構是以何種空間概念結構為基礎，並且藉由何種的識解運作方式所產生。根據針對時間概念化研究的二種要求，本論文將嘗試探究臺灣閩南語時間起點介詞的時間概念結構、空間概念結構與造成二者之間具有擴展關係的概念化機制。由於本論文所探討的時間起點概念通常由介賓詞組所指稱，並且由介賓詞組中的核心成分，即時間起點介詞所引介，因此我們要探究這些介賓詞組所指稱的時間起點概念，就必須聚焦於這些時間起點介詞的時空概念化歷程。

1.1 研究對象與範圍

　　本節將說明本論文的研究對象與範圍。概括而言，本論文的研究對象乃是以「對（ui3）」、「對（tui3）」、「按」、「自」、「從（tsiong5）」與「從（tsing5）」

等可以引介時間起點概念的介詞〔註2〕。研究範圍除了探討這些時間起點介詞的時間概念結構與空間概念結構外，尚涵蓋跨時空認知域的概念擴展及其所涉及的時空概念化機制之研究〔註3〕。以下將以二個小節分述本論文的研究對象與範圍。

1.1.1 研究對象

　　本論文的研究對象乃是「對（ui3）」、「對（tui3）」、「按」、「自」、「從（tsiong5）」與「從（tsing5）」等可以引介時間起點的介詞。就語法功能來說，這些時間起點介詞與其賓語所組成的介賓詞組能充當狀語並且出現在句首或述語核心之前的位置來表達情境的時間訊息，如下面的例子所示：

（1）a. 勝吉　較早　是　對（ui3）兩點　開始　賣（TA）

　　　　人名　以前　是　FROM　兩點鐘　開始　賣

　　　　「勝吉以前是從兩點開始賣」

　　　b. 在　庄腳，對（ui3）透早　到　暗暝　攏　還是　聽會著　收音機　的

　　　　在　鄉下　FROM　　早晨　到　夜晚　都　還是　聽得到　收音機　的

　　　　聲音（TA）

　　　　聲音

　　　　「在鄉下，從早到晚都還是會聽得到收音機的聲音」

（2）a. 伊　對（tui3）　舊年　開始　就　攏　眞少　共　你　聯絡（TA）

　　　　他　FROM　　去年　開始　就　都　很少　跟　你　聯絡

　　　　「他從去年開始就都很少跟你聯絡」

　　　b. 對（tui3）早起　到　日　落山，這　群　囝仔　玩到　心滿意足（TA）

〔註2〕本文的標音採用教育部公告的「臺灣閩南語羅馬字拼音方案」，其中「按」與「自」的讀音分別爲 an3 與 tsu7。再者，根據教育部《臺灣閩南語常用詞辭典》的漢字標示，tui3、an3、tsu7 與 tsiong5／tsing5 分別以本字「對」、「按」、「自」與「從」來標示，其中 tsiong5 與 tsing5 分別爲「從」的文讀與白讀形式。此外，ui3 以替代字「對」來標示，其中 tui3 與 ui3 不論在漢字標示、讀音或語意上都很相近，二者之間的關係值得進一步的探究。

〔註3〕所謂的「認知域」（domain）是指用來概念化某類或某個概念的認知結構（Croft & Cruse 2004）。根據此定義，時間認知域與空間認知域是指用以分別概念化時間與空間概念的認知結構。

　　　　FROM　　早上 到 太陽 下山 這 群 小孩 玩到 心滿意足

　　　　「從早上到太陽下山，這群小孩玩到心滿意足」

（3）a. 這 套 軟體 是 <u>按 一九九三 年</u> 開始 發展 的（TA）

　　　 這 套 軟體 是 FROM 1993 年 開始 發展 的

　　　 「這套軟體是從1993年開始發展的」

　　b. <u>按 七月 到 今</u>，伊 去過 足多 所在 訪問（TA）

　　　 FROM 七月 到 現在 他 去過 很多 地方 訪問

　　　 「從七月到現在，他去過很多地方訪問」

（4）a. <u>自 幾若日 前</u> 就 講 伊 艱苦（TA）

　　　 FROM 幾天 前 就 說 她 不舒服

　　　 「從幾天前就說她不舒服」

　　b. <u>自 細漢 到 十八歲</u>，卡看 嘛 攏是 青荣（TA）

　　　 FROM 小時候 到 十八歲 再怎麼看 也 都是 青荣

　　　 「從小時候到十八歲，再怎麼看都是青荣」

（5）a. 這個 老母 <u>從（tsing5）舊年</u> 起痟 嘛 是 毋知 人（TA）

　　　 這個 母親 FROM 去年 發瘋 也 是 不認識 人

　　　 「這個媽媽從去年發瘋，也是不認識人」

　　b. <u>從（tsing5） 戰後 到 今</u>，北京語 寫 的 文學 眞 濟（TA）

　　　　　　 FROM 戰後 到 現在 北京話 寫 的 文學 很 多

　　　 「從戰後到現在，用北京話寫的文學很多」

（6）a. <u>從（tsiong5） 今 以後</u>，著 較 留神 咧（TA）

　　　　　 FROM 現在 以後 必須 更 當心 語氣詞

　　　 「從今以後，必須更當心一點」

　　b. <u>龍肚街 的人 從（tsiong5）此</u> 過著 安居樂業 的 生活（TA）

　　　 龍肚街 的人 FROM 這時候 過著 安居樂業 的 生活

　　　 「龍肚街的人從此過著安居樂業的生活」

　　從上述的例子可以發現，「對（ui3）」、「對（tui3）」、「按」、「自」、「從（tsiong5）」與「從（tsing5）」等在臺灣閩南語中大都作爲介詞使用，這表現在這些詞都必須接賓語，但是不能搭配動貌助詞如「了」（了）或「過」

（過）等，也不能充當述語的核心〔註4〕。

　　在（1）到（6）的例子中，「對（ui3）」、「對（tui3）」、「按」、「自」、「從（tsiong5）」與「從（tsing5）」都具有引介時間起點的語意功能，其中「對（ui3）」、「對（tui3）」、「按」、「自」與「從（tsing5）」等組成之介賓詞組還可以分別跟以「到」組成之介賓詞組構成複合詞組來充當指稱時段的時間狀語，如（1）到（5）中的 b 句所示。雖然由「對（ui3）」、「對（tui3）」、「按」、「自」與「從（tsing5）」等組成之介賓詞組與由「到」組成之介賓詞組所構成的複合詞組乃是指稱時段概念，但是其中的「對（ui3）」、「對（tui3）」、「按」、「自」與「從（tsing5）」仍然具有引介時間起點的語意涵蘊。根據上面的論述，我們可以知道「對（ui3）」、「對（tui3）」、「按」、「自」、「從（tsiong5）」與「從（tsing5）」等介詞通常具有引介述語所指涉情境的時間起點，本論文將以此為出發點，分別探討各時間起點介詞的概念化結構與概念化機制。

1.1.2 研究範圍

　　本論文針對臺灣閩南語的時間起點介詞而將研究範圍限定在探討它們在時間域與空間域中的概念化。這樣的限定並不是表示這些時間起點介詞只能引介時間域與空間域中的概念。相反的，大多數時間起點介詞尚可引介其他認知域中的概念，並且這些概念都比時間域與空間域中的概念還要抽象。以「對（ui3）」為例，除了引介具體的時間與空間外，其還可指稱其他抽象的概念，以下舉出幾個語例來說明：

（7）a. 伊　對（ui3）台北　來，無錢　住　旅社（TA）

　　　她　FROM　台北　來　沒錢　住　旅社

　　　「她從台北來，沒錢住旅社」

　　b. 伊　對（ui3）國中　開始　就　交　足　濟　朋友（TA）

　　　她　FROM　國中　開始　就　交　很　多　朋友

　　　「她從國中開始就交很多朋友」

〔註4〕「了」與「過」的讀音分別為 liau2 與 kue3（偏漳腔）。此外，依據本文的寫作體例，我們在文章敘述中以引號來標示語例，並且對於首次出現的臺灣閩南語語例，我們會在該語例的旁邊以括號標示現代漢語的釋義。

c. 伊 講 我 愛 伊 是 <u>對（ui3）</u>性 開始 的（TA）
   她 說 我 愛 她 是 　FROM 性 開始 的
   「她說我愛她是從性開始的」

d. 我 對 伊 <u>對（ui3）</u>欣羨、怨妒 轉作 看袂起（TA）
   我 對 他 　FROM 羨慕 嫉妒 轉為 瞧不起
   「我對他從羨慕、嫉妒轉為看不起」

e. 台語歌詞 是 <u>對（ui3）</u>日文 　翻 　的（TA）
   台語歌詞 是 　FROM 日文 翻譯 的
   「台語歌詞是從日文翻譯而來的」

f. 我 想 欲 <u>對（ui3）</u>根本 來 解決 人 的 問題（TA）
   我 想 要 FROM 　根本 來 解決 人 的 問題
   「我想從根本來解決人的問題」

　　從（7）的例子可以發現，「對（ui3）」除了在（7a）與（7b）中分別引介空間與時間的起點外，其在（7c）至（7f）中尚可引介其他抽象認知域中的「來源」（source）概念。同樣的，在其他的時間起點介詞中，除了「從（tsiong5）」與「從（tsing5）」的語意較局限於引介時間起點之外，「對（tui3）」、「按」與「自」也都能引介其他抽象認知域中的「來源」概念。

　　本論文之所以將研究範圍限定在探討時間域與空間域中的概念化主要有二個原因：第一個原因是因為空間域與時間域是最基本的二個認知域，其他較為抽象的認知域通常都是由這二個認知域擴展而來（Tai 1989；Biq, Tai and Thompson 1996），因此探討這二個認知域的概念化是研究其他抽象認知域概念化的基礎，其重要性不言可喻。第二個原因在於本論文的研究焦點是探究時間起點介詞具有何種的概念化基礎，而時間最直接的概念化基礎來自於最為具體的空間概念結構，因此探討空間域與時間域的概念化最能讓我們了解時間起點介詞所引介概念的根源，體現本論文的研究精神。根據以上所述，我們將在下面論述針對時空認知域概念化的研究細節。

　　就空間認知域概念化而言，本論文將探討時間起點介詞在空間域中的多義性，以求能釐清產生空間多義性的語義根源與概念化手段，並進而窺探其延伸出時間起點意義的整個概念化過程與認知機制。以「對（ui3）」為例，其可以指稱空間移動的起點、路徑與終點，因此具有多義性，分別如下面的例子所示：

（8）a. 老爸 <u>對（ui3）嘉義</u> 坐車 來 高雄（TA）
　　　爸爸　　FROM　嘉義 坐車 來 高雄
　　　「爸爸從嘉義坐車來高雄」

　　b. 伊 拄好 <u>對（ui3）遮</u>　過（TA）
　　　他 剛好　　BY　這裡 經過
　　　「他剛好從這裡經過」

　　c. 伊 犯勢 就 會 <u>對（ui3）遐</u> 去（TA）
　　　他 或許 就 會　TO　　那裏 去
　　　「他或許就會往那裏去」

　　在（8）的基礎上，我們必須說明（8a）至（8c）所呈現的多義性具有何種的概念化根源，並且藉由何種的概念化機制使得該概念化根源得以產生介詞性空間意義的多義性並進一步地產生時間起點意義。

　　就時間認知域概念化而言，本論文探討的範圍較為廣泛，其涵蓋二個層面的問題：首先，時間起點介詞所充當的時間狀語其與述語核心的語意結合共同形成無時制語言（tenseless language），如現代漢語與臺灣閩南語的事件類型（event types）（Vendler 1967；Tai 1984；鄧 1985；Smith 1990, 2006；Smith & Erbaugh 2001, 2005）。換句話說，時間起點介詞所引介的時間起點概念是事件類型的組成成分之一，因此時間起點介詞的意義必須放在事件類型的框架下才能有效的界定。在此基礎上，本論文對時間起點介詞的時間意義研究將會說明各時間起點介詞在各種事件類型中的分布狀況以及對事件類型的語意貢獻。藉由此層面的探討，我們才能進一步了解時間起點介詞在無時制語言表達時間訊息的過程中扮演何種角色。其次，空間概念結構是時間概念最直接的來源，亦即時間域中的概念大多是從空間域擴展而來（Clark 1973；Traugott 1978；Lakoff & Johnson 1980；Tai 1989；Lakoff 1993；Biq, Tai and Thompson 1996；Radden 2003）。在此基礎上，本論文對時間起點介詞的意義探討將會同時說明這些介詞進行時空意義擴展時所涉及的概念化機制。

　　此外，在上述的基礎上，不管是空間認知域、時間認知域或跨時空認知域的概念化探討都不能迴避一個問題，即雖然各時間起點介詞在時空意義上具有相似性，但是基於語言的經濟性，各時間起點介詞在時空意義上是否也具有相異性？此議題也將是本論文所要研究的目標之一。

1.2 簡要的研究回顧

　　本論文的主題涉及時間研究的二個議題，分別爲時間與空間的概念化關係與無時制語言的時間表達。這些議題在前人的文獻中多有探討，但是以臺灣閩南語爲研究對象的文獻則少之又少。本論文將以這些文獻的研究成果作爲基礎，以擴展臺灣閩南語在時間研究上的視野。以下將以二個小節來將時間的相關研究做簡要的回顧，至於這些研究的詳細內容與成果則將留待至「文獻回顧」一節再予以敘說與評述。

1.2.1 時間與空間的概念化關係

　　時間與空間是語言背後二個重要的認知域，並且時間與空間之間的隱喻（metaphor）關係向來是時間研究的核心議題。在此基礎上，時間語意被認爲是以空間語意爲基礎並經由隱喻的概念化手段擴展而來，而具有三個向度的空間如何與只具有單個向度的時間做隱喻對映就成爲此核心議題中的一個重要的子議題。針對此一議題，Clark（1973）以英語爲研究對象，發現空間詞語與時間詞語具有強烈的隱喻對應關係，並且適用於隱喻時間的空間詞語也必須具備時間所具有的概念特徵，即單向度性、不對稱性或方向性與移動性。此外，Clark（1973）區分二種類型的空間概念，分別爲「感知空間」（P-space）與「語言空間」（L-space），其中前者不須經由習得的歷程而產生，而是肇因於人體與周遭世界的相互作用，因而受到人類生理結構與物質世界的制約。至於後者則是語言，特別是空間詞語，所指稱的空間概念，其必須以「感知空間」爲基礎並且經由語言習得的歷程才能產生。在此基礎上，由於語言中大部分的時間概念被認爲是直接由「語言空間」隱喻而來，因此我們可以說時間詞語所指稱的概念乃是間接地產生於「感知空間」。

　　相對於 Clark（1973）強調單向度空間在隱喻時間時的重要性，Traugott（1978）則認爲人類語言以空間表達時制（tense）、序列（sequencing）與動貌（aspect）等時間性語意範疇時〔註5〕，通常選擇位置（location）與平面（plane）等空間成分的不對稱特徵來隱喻時間，而非向度（dimensionality）或形狀（shape）。就這點而言，Traugott（1978）認爲相較於時間在物理上的單向性，身體空間（body-space）與標準遭遇方式（canonical encounter）更能說明具語

〔註 5〕此處所指的「sequencing」是指談話者所談論事件的順序。

言普遍性的時間語意。在上述的基礎上，Traugott（1978）強調，語言傾向於使用一組具不對稱關係的空間詞語，如 *come / go*〔註6〕、*front / back* 與 *up / down* 等來表達時間而不使用具對稱關係的空間詞語，如 *left / right* 的現象，須由身體空間與標準遭遇方式等角度來說明，而無法從時間在物理上的單向度屬性來加以解釋。

相對於 Traugott（1978）只著重探討位置與平面等空間成分在時間隱喻中的重要性，Lakoff & Johnson（1980）與 Lakoff（1993）則將研究焦點放置於空間運動在時間隱喻中的映射方式。他們以英語為研究對象發現英語具有一個一般性隱喻（The General Metaphor），即「時間的經過是一種運動（TIME PASSING IS MOTION）」。在此一般性隱喻之下又包含二個特殊隱喻，分別為特殊隱喻 1：「時間的經過是一個物體的運動（TIME PASSING IS MOTION OF AN OBJECT）」與特殊隱喻 2：「時間的經過是一個地景上的運動（TIME PASSING IS MOTION OVER A LANDSCAPE）」。在他們的理論架構下，這些概念隱喻中的空間運動概念被視為來自於充當來源域（source domain）的空間認知域，而時間的經過則來自於充當目標域（target domain）的時間認知域，藉由自來源域往目標域的隱喻映射，我們得以以空間概念為基礎來建構或理解時間概念。

不同於 Traugott（1978）、Lakoff & Johnson（1980）與 Lakoff（1993）分別只強調位置及平面與運動在時間隱喻中的作用，Radden（2003）所持的角度較為寬廣，他認為以空間概念化時間時，我們可以利用空間結構的豐富性來將不同的結構成分，包含向度與形狀，映射至單向度的時間上，而不同的語言其利用空間結構的方式會有所不同。在此基礎上，Radden（2003）發現人類語言使用多種的空間結構成分來概念化時間，這些空間結構成分與時間之間存在著多種的隱喻映射方式。

以空間為基礎的時間隱喻亦見於現代漢語之中（Tai 1989；Yu 1998；Ahrens & Huang 2002）。Tai（1989）在 Clark（1973）與 Lyons（1977）的基礎上，發現現代漢語也存在著以空間為基礎的時間隱喻。這些概念隱喻可以從幾種現象中看出來：（一）現代漢語使用本義指稱空間概念的「在」與「著」

〔註6〕Traugott（1978）認為 *come* 與 *go* 的不對稱性表現在前者具有明確的目的地，即指示中心（deictic center），而後者則不涉及明確的目的地及來源地，只涉及遠離指示中心的方位。

作為動貌標誌。（二）現代漢語在時間表達的詞序上也遵循著空間範圍原則（principle of temporal scope）（Tai 1985）。（三）現代漢語用來表達時間的空間詞語在概念上具有單向度性、動態性與不對稱或方向性，因而呼應了 Clark（1973）的看法。

　　Yu（1998）與 Ahrens & Huang（2002）則在 Lakoff（1993）的基礎上探討了現代漢語中時間與空間的隱喻對映，並且發現 Lakoff（1993）針對英語所提出的二個特殊的隱喻，即「時間的經過是一個物體的運動（時間在動）」與「時間的經過是一個地景上的運動（本我在動）」亦存在於現代漢語之中。然而與英語不同的，時間的空間隱喻更直接地反映在現代漢語的詞彙中。除了上述二個特殊隱喻外，Yu（1998）發現現代漢語還存在著第三個特殊隱喻，即特殊隱喻 3：「時間同時是移動的物體與固定的地景（TIME AS BOTH A MOVING OBJECT AND A STATIONARY LANDSCAPE）」。在此隱喻中，時間既被概念化為可供本我移動的地景，也同時被概念化為一個移動的物體且其移動方向與本我相同。Ahrens & Huang（2002）則修正了 Yu（1998）的看法，認為現代漢語存在著「時間的經過是一種運動」的一般性譬喻。在該隱喻之下，現代漢語只具有二個特殊隱喻，即「時間的經過是一個朝著本我移動的物體（TIME PASSING IS AN OBJECT THAT MOVES TOWARDS AN EGO）」與「時間的經過是一個在地景上移動且有本我附著於其上的點（TIME PASSING IS MOVING POINT OVER A LANDSCAPE）」。

　　根據上面以英語與現代漢語為研究對象的論述，我們可以知道以空間為基礎的時間概念隱喻具有語言普遍性與特異性，在此基礎上，本論文針對臺灣閩南語的時間研究也將處理時空概念隱喻的議題，一方面驗證其語言普遍性，另一方面則期望能發現其在臺灣閩南語中的特異性〔註7〕。

　　另一方面，時空的概念化關係也可以從語法化的角度來加以探討。綜合

〔註7〕張瓊云（2011）的碩士論文曾以臺灣閩南語的「前」、「後」、「頂」、「下」、「頭」與「尾」等時間詞為研究對象，發現這些詞彙的時間語意亦是透過概念隱喻的認知手段從空間意義擴展而來。此外，蔡依恬（2005）也曾在時空隱喻的基礎上，以漢語與英語為比較的對象，透過實驗研究的方法探討漢語與英語不同的時空隱喻方式是否會影響語言使用者概念化時間的方式。邱秀莘（1997）則以漢語為對象，探討漢語如何透過概念隱喻機制而從空間的運動方式擴展出時間概念。她認為，相較於「時間在動」與「本我在動」等二種隱喻方式，「時間和本我都在動」與「時間不動只有自己在動」更能解釋現代漢語中相關的語言現象，因而呈現出現代漢語的特異性。

Heine, Claudi and Hunnemeyer（1991）、Hopper（1991）、Hopper and Traugott（1993）與 Bybee（2002）對語法化的定義，語法化是指一個詞項或詞項序列經由意義漂白（bleaching）、泛化（generalizing）或抽象化（abstraction）而變成一個語法詞素（grammatical morpheme）的過程。再者，語法化一般被認為遵循層次性（Layering）、分歧性（Divergence）、特殊化（Specialization）、滯留性（Persistence）、去範疇化（De-categorization）、語音縮減（phonetical reducing）與單方向性（unidirectionality）等幾項具語言普遍性的原則。此外，在產生語法化的機制方面，Heine, Claudi and Hunnemeyer（1991）與 Hopper and Traugott（1993）認為除了重新分析（reanalysis）這種一般性的機制外，語法化的背後涉及到一種藉由具體概念來建構或了解抽象概念的認知機制，即概念隱喻（conceptual metaphor）。概念隱喻使得一個詞項的意義得以抽象化，而意義的抽象化正是語法化得以發生的前提。

　　在上述的基礎上，Wang（2002）、Wu（2003）與楊蕙菁（2004）曾探討現代漢語運動動詞（Motion Verb）「過」的語法化過程。她們認為「過」的基本意義是指稱空間的運動，藉由隱喻與轉喻（metonymy）的認知機制，「過」由基本意義擴展至指稱時間的經過，並進一步擴展至指稱經驗動貌。Lai（2002）以客語的 *DO*（到）為研究對象，發現 *DO* 的語意延伸呈現出 Heine, Claudi and Hunnemeyer（1991）所提出涉及概念抽象化程度的隱喻範疇量級（scale of metaphorical categories）：「人」／「物體」→「動作」→「空間」→「時間」→「性質」。在空間與時間域的範圍內，藉由概念隱喻的手段，客語的「到」由指稱人／物體到達某個地方擴展至表示動作發生的處所，再擴展至指稱動作在時空中的來源或藉由動作想要到達的時空目標。Lien（2000）則以臺灣閩南語為研究對象，發現藉由隱喻的認知機制，「透」（透）可以從指稱空間的穿越擴展至指涉時間的涵蓋與動作的完成動貌〔註8〕。

　　根據上面所述，臺灣閩南語時間起點介詞在時間與空間中的概念化可以從語法化或概念擴展的角度來加以闡釋。這種認知角度的研究有助於我們將時間起點介詞在時間與空間中的多種意義聯繫起來，使得我們得以了解時間起點介詞由空間認知域擴展到時間認知域的整個動態過程，以使產生時間起點意義的脈絡能夠清楚的呈現。

〔註8〕　「透」的讀音為 thau3。

1.2.2 無時制語言的時間表達

　　臺灣閩南語與現代漢語一樣都是一種無時制語言（tenseless language），亦即二者在語法上缺乏專門用以表達時制的詞素。就無時制語言而言，動貌訊息在時間的表達上扮演關鍵的角色（鄭良偉 1997；Smith & Erbaugh 2001, 2005；Lin 2006；Smith 2006）。就現代漢語而言，動貌訊息主要由情境類型（event types；situation types）〔註9〕與動貌觀點（aspectual viewpoints）（Comrie 1976）來表達，並且藉由一些語用原則的作用，我們可以從動貌訊息推理出時制的默認詮釋（default interpretation）。在這個層面上，時間狀語與情境類型密切相關並且在其中扮演二種角色。首先，時間狀語可以協助情境類型，使其所表達的時間訊息明確化。其次，時間狀語指稱的時間概念是情境類型的組成成分之一（Smith 1990），這代表時間狀語所指稱的概念必須放在情境類型的框架下才能清楚的界定。從上述可知，現代漢語的時間狀語與情境類型的關係緊密，藉由從相關文獻中釐清這些關係，我們可以知道該從何種角度來探究臺灣閩南語時間起點介詞所組成的狀語在時間表達中的角色。基於上面的論述，我們將以涉及情境類型與動貌觀點的動貌訊息研究作為回顧的焦點，以了解現代漢語及臺灣閩南語等無時制語言如何表達時間訊息。此外，由於詞序也是語言表達時間訊息的手段之一，因此我們也將簡要的回顧 Tai（1985）對現代漢語詞序與時間表達的研究，以作為探討台灣閩南語時間起點介詞與詞序之間相關性的基礎。

　　以涉及情境類型與動貌觀點的動貌訊息研究而言，Smith & Erbaugh（2001, 2005）與 Smith（2006）以現代漢語的時間詮釋為研究主題發現動貌訊息在時間的表達上也扮演重要的角色。動貌訊息由情境類型與動貌觀點所組成，藉由語用原則的作用，動貌訊息可以產生默認的時間詮釋〔註 10〕。就

〔註9〕情境（situations）包含事件（events）與狀態（states），而事件又包含有終事件、無終事件與瞬成事件等三種次類。事件與狀態的差別在於前者是動態的，且其內部的結構具有異質性，而後者則是靜態的，且其內部的結構具有同質性。至於動詞所指稱的動作則只是事件或狀態內部的一個組成成分。

〔註10〕相較於 Smith & Erbaugh（2005）與 Smith（2006）強調動貌訊息可以藉由語用原則來產生時間關係詮釋，Wu（2007, 2009, 2010）則以現代漢語的「在」、「著」、「過」與「了」等動貌標誌為研究對象，發現現代漢語的動貌標誌乃是透過其語意所隱含的修辭關係（rhetorical relations），如敘述（Narration）與闡述（Elaboration）等來間接地決定事件的時間關係。雖然上述的二種觀點存在著差異，但是二者都同樣地顯示現代漢語是透過間接的方式從動貌產生

情境類型而言，Smith（1990）在 Vendler（1967）與 Tai（1984）的基礎上，認為現代漢語的情境根據其內部的時間結構可區分為有終事件（telic event）、無終事件（atelic event）、狀態變化事件（change-of-state）與狀態（states）等四種類型，因而與鄧守信（1985）的看法一致。有終事件與狀態變化事件都具有自然的終點，因此都屬於有界的情境（bounded situations），但前者的內部尚包含具有連續性的不同事件狀態，而後者則無。無終事件與狀態都缺乏自然的終點，因此都屬於無界的情境（unbounded situations），但前者可以具有一個任意或可能的終點，並且其內部尚包含具有連續性的不同事件狀態，至於後者則同時缺乏任何類型的終點與具連續性的不同事件狀態，而只具有同質性的連續狀態。就動貌觀點而言，Smith & Erbaugh（2005）區分出完成（perfective）、未完成（imperfective）與中立（neutral）等三種動貌觀點。完成動貌觀點將情境視為一個具有終點的有界情境；未完成動貌觀點將情境視為一個不具有終點的無界情境；中立動貌觀點則是能夠根據所獲得的訊息而將情境視為有界或無界。在上述的基礎上，藉由有界事件制約（Bounded Event Constraint）（Lyons 1977）、詮釋的簡單原則（Simplicity Principle of Interpretation）與時間圖式原則（Temporal Schema Principle）等三條語用原則與 Reichenbach（1947）所提出的參照時間（Reference Time）、情境時間（Situation Time）與說話時間（Speech Time）等三種類型的時間參考點，現代漢語的句子可以根據情境的有界性（boundness）產生默認的時間詮釋來指稱時制的訊息。

　　鄭良偉（1997）也曾經針對臺灣閩南語如何表達時間概念進行研究。他認為，臺灣閩南語在表達時間概念上是一種區分「**實現**」（realis）與「**非實現**」（irrealis）的語言，而非區分「**過去**」與「**非過去**」的語言，其具體表現在臺灣閩南語傾向於使用「有」（有）、「無」（無）、「會」（會）與「袂」（不會）〔註11〕等專有的標誌來標示「**非實現**」的事件，但是對於「**過去**」或「**非過去**」的事件卻沒有同樣的使用專有的標誌來標示。由於「**實現**」與「**非實現**」涉及的是時態（aspect）的區別，而「**過去**」與「**非過去**」所涉及的則是時制的區別，因此我們可以說臺灣閩南語是一種區別時態的語言，而非區別時制的語言。此外，「有」、「無」、「會」與「袂」等助動詞與靜態動詞及

時間關係的訊息。
〔註11〕　「有」、「無」、「會」與「袂」的讀音分別為 u7、bo5、e7 與 be7。

非靜態動詞搭配使用時會產生時制的詮釋，顯示臺灣閩南語也是藉由動貌訊息來指稱時制意義，因而與 Smith（2001）、Smith & Erbaugh（2005）、Lin（2006）與 Smith（2006）的看法有異曲同工之妙。

在詞序與現代漢語時間表達的關係研究方面，Tai（1985）發現現代漢語的狀語在動詞前方與動詞後方的語意差異可以用時間順序原則（Principle of Temporal Sequence; PTS）來加以說明。所謂的時間順序原則是指二個句法單元間的相對詞序取決於其指稱概念的時間順序，亦即二個句法單元在句子中的先後順序反映著其指稱概念在時間上的先後順序，因而呈現出肖像性（iconicity）（Haiman 1985）。以指稱時段的狀語為例，其通常只能出現在動詞的後面來表示動作發生後到句子被陳述時的時間距離，如「他病了三天了」／「她走了三天了」，而不能出現在動詞的前面來表示相同的語意，如「*他三天病了」／「*她三天走了」。從現代漢語的時間順序原則可以明瞭，事件之間或事件內部的時間關係可以藉由詞序來表達，呈現出高肖像性語言在時間表達上的獨特性。

根據上面的論述可以知道，同屬無時制語言的臺灣閩南語在時間研究上應將事件類型與詞序納入考量。因此，時間起點的概念化研究一方面應探討其可以與何種事件類型搭配，並且其在該事件類型中具有何種語意功能，另一方面則應探究詞序對時間起點介詞語意的影響。

1.3 研究議題與動機

根據前面的論述，我們可以知道時間與空間語意間的概念化關係是認知語言學研究的核心領域，然而以時間起點為對象來探討其概念化歷程的研究則有所不足。特別是探究臺灣閩南語時空概念化的研究文獻本來就不甚豐富，遑論專門針對時間起點的概念化研究。由於臺灣閩南語同時存在著多個可以引介時間起點的介詞，其在概念化時間起點上的功能性更值得加以研究。為了探知臺灣閩南語如何概念化時間起點，我們將以「對（ui3）」、「對（tui3）」、「按」、「自」、「從（tsiong5）」與「從（tsing5）」等時間起點介詞作為研究對象，並且這些介詞如何在空間的基礎上概念化時間起點是本論文的核心議題。

在上述的基礎上，本論文將以概念化理論作為主要的理論框架。概念化除了被視為是一種動態語意外，Croft and Cruse（2004）進一步指出，概念

化等同於識解運作（construal operation）。這種看法更聚焦於概念形成所依賴的認知機制。他們認為語意所涉及的識解運作可區分成四種類型，分別為注意／顯著性（attention／salience）、判斷／比較（judgment／comparison）、視角／立場（perspective／situatedness）與構造／完形（constitution／gestalt）。所謂的注意／顯著性是指控制注意力焦點的認知能力，如凸顯（profiling）、換喻（metonymy）、順序掃描（sequential scanning）與總體掃描（summary scanning）等認知能力。判斷／比較是指涉及二個實體之間比較的基本認知操作，如範疇化（categorization）與隱喻（metaphor）等認知能力。視角／立場是指概念主體觀察事物時所採取的角度，如主觀性（subjectivity）與客觀性（objectivity）的區別即涉及此種認知能力。構造／完形則是指形成實體結構或完形經驗的認知能力，如意象圖式（image schema）的形成大都涉及此種認知能力。

　　根據前述的核心議題與理論框架，本論文對臺灣閩南語時間起點介詞的概念化研究必須處理三個層面的議題：即時間的概念化結構、時間概念的空間基礎、與跨時空認知域的概念擴展與等。其中，第一個層面主要涉及時間認知域，第二個層面主要涉及空間認知域，第三個層面則主要涉及同時涵蓋時間與空間認知域。以下將逐一論述上述三個層面的議題：

　　（一）由於時間起點介詞引介的時間起點概念是情境時間結構的一部份，並且情境可以根據其內部的時間結構區分出不同的情境類型，使得我們在處理時間起點介詞的時間意義時，必須關注其與情境類型之間的關係，在此前提下，本論文要探討的第一個議題為：**臺灣閩南語各時間起點介詞所引介的時間概念結構與各種情境類型的搭配性為何？其在情境類型中的語意功能為何？其對同屬無時制語言的臺灣閩南語在時間表達上有何作用？**

　　（二）在時間概念通常由空間概念所延伸的前提下，本論文要探討的第二個議題為：**臺灣閩南語時間起點介詞所引介的時間概念是以何種空間概念結構為基礎所產生？**由於大部分時間起點介詞所表達的空間意義都涵蓋起點、路徑與終點等概念，因而具有多義性，並且並非所有的義項都能延伸出時間概念，因此要處理這個議題必須先釐清產生該多義性的概念化機制與各義項之間的概念化關係，如此才能找出真正延伸出時間概念的空間概念。

　　（三）由於時間概念通常必須藉由某些概念化機制才能由空間概念延伸而來，因此本論文要探討的第三個議題為：**臺灣閩南語時間起點介詞所引介**

的時間概念結構是藉由何種概念化或語法化手段才能從空間概念結構延伸？由於此議題涉及二個不同認知域間的概念擴展關係，因此概念隱喻理論與語法化理論會是處理本議題的重點理論。

　　綜合言之，探討上述的議題除了有助於了解臺灣閩南語如何以時間起點介詞概念化時間外，由於時間起點介詞本身乃是隸屬於語法層面的成分，因此探討這些議題尚能體現語法、語意與概念三者之間的緊密聯繫，對認知語言學理論假設的驗證有所貢獻。

1.4　研究方法與理論

　　爲了探討前節所述的議題，本論文將採用建立在認知語意學與認知語法理論基礎上的研究方法。認知語意學與認知語法理論認爲語意是介於概念結構與語法表徵之間的中介階層。語意結構一方面以人類認知上的概念結構爲基礎，另一方面也對語法結構產生制約作用（Dowty 1991；Levin 1993；Goldberg 1995；Putstejovsky 1995；Liu 2002）。更具體的說，語法結構的語意差異反映著人類對週遭事物的概念化（conceptualization）差異，而這種概念化差異亦會透過語意結構反映在語言表層的語法結構上，而使語法結構產生差異性（Taylor 2002；Langacker 2002；Croft and Cruse 2004；Dirven 2005）。再者，由於人類對世界的概念化乃是肇因於人類認知系統與周遭世界相互作用所產生的經驗，因此研究語意的概念基礎必須追溯至人類的經驗，這也就是說認知語言學的語意觀點具有體驗性（embodiment）。這種體驗性觀點認爲人類身體與認知系統對周遭世界的體驗是形成概念系統與語言系統的基礎（Tyler and Evans 2003）。據此，我們可以根據語言結構的語法差異來窺探其語意的區別，並進一步從具體驗性的認知角度來解釋其語意差別的成因。基於上面的論述，我們可以知道，語意、概念結構與語法表現間具有緊密的關聯。因此，我們採用的研究方法是藉由臺灣閩南語各時間起點介詞的語法表現來分析及驗證其語意的差異性，再從概念化的角度來說明各時間起點介詞的語意區別。在時間起點介詞的語意判別方面，由於事件或事件類型的時間結構通常必須依靠整個句子才能完整的表達（鄧守信 1985；Smith 1990），因此我們必須在句子的層次來判別時間起點介詞的時間語意。特別是由動詞與其論元所組成的動詞群集（verb constellation）通常是表達事件類型的主要

語法結構，因此觀察時間起點介詞與動詞群集的搭配性可協助我們界定時間起點介詞所引介的概念結構。

　　在理論框架方面，本論文採用 Croft and Cruse（2004）所指出的概念化觀點。根據他們的看法，概念化等同於概念形成時所依賴的認知機制，即識解運作。在這種概念化觀點下，語意所涉及的識解運作可區分成四種類型，分別爲注意／顯著性、判斷／比較、視角／立場與構造／完形等。依據上一節所述，所謂的注意／顯著性是指控制注意力焦點的認知能力，如凸顯、換喻、順序掃描與總體掃描等認知能力。判斷／比較是指涉及二個實體之間比較的基本認知操作，如範疇化與隱喻等認知能力。視角／立場是指概念主體觀察事物時所採取的角度，如主觀性與客觀性的區別即涉及此種認知能力。構造／完形則是指形成實體結構或完形經驗的認知能力，如意象圖式的形成大都涉及此種認知能力。在此基礎上，認知語言學發展出許多的理論來闡述上述的認知能力。在這些理論之中，與本論文最相關的理論分別爲：概念隱喻理論（conceptual metaphor）（Lakoff and Johnson 1980；Lakoff 1993）、意象圖式理論（image schema）（Johnson 1987；Lakoff 1987；Langacker 1987）與語法化理論（Hopper 1991；Heine, Claudi and Hunnemeyer 1991；Hopper and Traugott 1993；Bybee 2002）。這些認知語言學理論可以給予時間起點介詞的語意區別一個系統性的描述與解釋，藉以讓我們了解臺灣閩南語在時間概念化上的特性以及語言與認知的緊密互動。基於這些理論的重要性，我們將在第三章專門論述本論文所採用之理論架構，以作爲處理研究議題時的憑藉。

　　此外，除了共時層面的語言現象分析與理論闡釋外，我們也擬從歷時的角度來驗證本文在共時層面所建構的概念化歷程。具體而言，若我們針對共時語言現象所作的分析與解釋爲眞，則我們應可以在歷時的層面發現相同或相似的概念化歷程與機制，反之則否。據此，我們將在本文的第六章以相關研究文獻爲基礎，透過分析中央研究院「古漢語語料庫」的語料來建構出歷時層面的概念化歷程，藉以觀察其是否與共時層面具有一致性。

1.5　語料來源

　　本論文所使用的語料有幾個來源，分別爲語料庫、研究文獻、作者語感與臺語文辭典。其中語料庫爲本論文最主要的語料來源，其他來源則佔有輔

助性的角色。語料庫不但可以提供我們接近實際語言的客觀語料，亦能允許我們對語料進行量化分析，藉以了解與佐證時間起點介詞的語法及語意傾向（Liu 2002）。

　　本論文所使用的主要語料庫為楊允言先生所建立的「台語文語詞檢索」〔註12〕。「台語文語詞檢索」是現今少數對外開放使用的臺灣閩南語語料庫之一，其屬於一種未經過詞類標記（tagging）的語料庫，其語料則來源於現代的臺語文文本。這些文本依其書寫的文字類型可區分為「漢字和羅馬字混合文本」與「全羅馬字文本」等二類，其中前者總計 3810 篇，後者總計 1398 篇。本論文所採用的漢字與羅馬字混合文本總語料量共計約 581 萬 6000 多個音節，由於此語料庫總語料數未達 2000 萬個音節，因此尚未構成一個平衡語料庫的規模。此語料庫可分別使用漢字與羅馬字進行語料檢索，並且檢索成果可以同時呈現目標語詞前後某個範圍內所共現的詞語。目前此語料庫預設之共現查詢範圍為前、後各 15 個音節，但允許使用者自行設定共現查詢範圍。由於本論文需要句子層次的語料，因此將共現查詢範圍設定為前、後各 30 個音節，以求能涵蓋到完整的句子。就「按」、「自」與「從（tsiong5）」等不易與其他時間起點介詞混淆的研究對象而言〔註13〕，本論文分別使用漢字與羅馬字進行語料檢索，以求能搜尋到較完整的語料。至於「對（ui3）」與「對（tui3）」二者在語料庫中通常具有相同的漢字標示並且無法藉由語法線索來加以區別，因此為了對二者加以區分，本論文只使用羅馬字來檢索「對（ui3）」與「對（tui3）」。再者，由於「從（tsing5）」在語料庫中的漢字標示容易與 ui3／tui3 的某些漢字混淆，因此本論文亦只使用羅馬字來檢索「從（tsing5）」。此外，在漢字檢索方面，我們以教育部所公告《臺灣閩南語常用詞辭典》中所標示的漢字作為檢索語詞進行語料的檢索，在這些漢字中，本文的研究對象都是以本字來標示。在上述的基礎上，本論文將以「台語文語詞檢索」語料庫作為主要的語料來源以探討相關議題。此外，本論文所進行的所有量化分析也都將以此語料庫的語料作為計量依據。在此語料庫每次

〔註12〕本文在各個語例的後面以英文字母「TA」、「YA」與「AU」來分別標示「台語文語詞檢索」、楊秀芳（1991）與作者語感等語料來源。

〔註13〕雖然「從（tsiong5）」在語料庫中的漢字標示有可能與「從（tsing5）」或 ui3／tui3 的某些漢字標示相同，但是由於「從（tsiong5）」通常只出現在固定的語法結構中，因此使用漢字檢索的結果不易與「從（tsing5）」、ui3 或 tui3 混淆。

檢索最多呈現 1000 筆語例的基礎上，本論文最多只在 500 筆語例的範圍內進行量化分析以同時兼顧研究的效率與語料的代表性。另一方面，在歷時考察的語料部分，我們採用中央研究院「古漢語語料庫」、《古代漢語虛詞詞典》與相關研究文獻作為語料來源，並以本字來進行檢索。

　　在其他的輔助性語料來源方面，作者自身的語感通常使用在二個方面：首先是在研究過程中需要針對研究對象的語法表現或語意進行驗證，而語料庫又缺乏合適的語料時。其次是在語料庫的語料太過冗長或不夠完整時，作者自身的語感可以簡化或補強語料庫中的語料，但以不改變動詞群集與會影響時間語意的成分為原則。作者本身的母語是雲林縣斗南鎮地區的偏漳腔閩南語，自幼在家庭中大都使用母語來進行交談，因此作者自身的語感具有一定的代表性。至於前人研究文獻與臺語文辭典中的語料來源主要來自於楊秀芳（1991）、董忠司（2000）所主編的《台灣閩南語辭典》、教育部《臺灣閩南語常用詞辭典》與《線上台日大辭典》等。總而言之，本論文盡可能使用自然出現的語言作為語料，以求貼近認知語言學的研究方法並發現最接近真實的語言規律。

1.6　體例說明

　　本論文的撰寫體例可以從幾個方面來說明：首先，在文章敘述中，我們對研究的目標詞語以帶有引號的漢字來標示，如「按」，至於與其它目標詞語具有相同漢字標示的研究對象則加註羅馬字拼音，如「對（ui3）」與「對（tui3）」。其中羅馬字拼音的寫法則以教育部公告之〈臺灣閩南語羅馬字拼音方案〉為依據。此外，本論文基於前人文獻的慣例而使用帶有引號的粗體字來標示概念與概念化機制，如以「**時間**」與「**時間就是空間**」來分別指稱時間概念與以空間為基礎的時間隱喻。

1.7　論文結構

　　本論文的結構如下：第一章為前言。第二章為文獻回顧，我們將在此章回顧涉及時間與空間的概念化關係與無時制語言的時間表達等領域的研究文獻。第三章為理論架構的闡述，我們將在此章說明本論文所使用的認知語言學理論，如概念隱喻理論、意象圖式理論與語法化理論等。第四、五、六章

則分別敘述時間起點的概念結構、其共時層面的空間基礎與其歷時層面的概念化驗證。我們將在此三章分別探討時間起點的概念結構及其和事件類型的共現性與基於共時及歷時角度的時空概念化歷程等議題。第七章則爲結論，我們將在此章總結本論文的研究成果並揭示未來的研究方向。

第二章 文獻探討

　　本論文的研究主題屬於時間研究的範疇。針對時間的研究，通常會涉及二個層面的問題，分別爲時間和空間的概念化關係與無時制語言的時間表達。在探討這些議題的相關文獻中，又可根據其所研究的語言或側重面向的不同而區分出幾個群組。以下將以二個小節來分別探討上述的二個議題。

2.1 時間與空間的概念化關係

　　臺灣閩南語時間起點介詞的概念化議題首先涉及的是這些介詞的時間結構意義具有何種的空間概念基礎。時間與空間的概念化關係在文獻上多有探討，這些文獻有些大範圍的關注單向度的時間如何自具三個向度的空間中擴展，有些則只聚焦於空間中的運動如何與時間的經過進行隱喻映射。在這二種類型的文獻中，有些以英語或非漢語作爲研究對象，有些則專門以現代漢語作爲研究標的。以下我們將根據上述的研究差別把研究文獻分成三個小節論述。

2.1.1 Clark（1973）、Lyons（1977）、Traugott（1978）、Radden（2003）

　　時間與空間是語言背後二個重要的認知域，二者之間的隱喻關係向來是時間研究的核心議題。在此基礎上，時間語意被認爲是以空間語意爲基礎並經由隱喻的歷程延伸而來，而具有三個向度的空間如何與只具有單個向度的時間做隱喻對映就成爲此核心議題中的一個重要的子議題。針對此議題，

Clark（1973）認為，由於時間：（一）是一種單向度的連續體。（二）具有不對稱性，如時間只會增加不會減少並且在我們的記憶中只存在著過去的時間，而沒有未來的時間。（三）只與動態事件相連繫，因此適用於時間的空間隱喻必須具有下列的特徵：

（一）須使用指稱單向度空間的詞語，例如所有的位置介詞（positional prepositions），如 *at / on / in*，及大部分的方向介詞（directional prepositions），如 *from / to*，都可被使用在單一的空間向度。

（二）須使用具不對稱性或方向性的單向度關係介詞，如 *before / after*。

（三）須使用涉及空間移動的詞語，如 *come / go*。

再者，在時間是由說話者，即本我（ego）的前方往其後方通過的前提之下，時間的空間隱喻有二種方式，分別為「時間在動（MOVING TIME）」與「本我在動（MOVING EGO）」。「時間在動」以時間做為判斷前後的主體，以先接近或經過本我的時間部分為「前」，以後接近或尚未經過本我的時間部分為「後」。「時間在動」的隱喻方式使得空間上的「前」與「後」得以分別表示過去與未來的時間，因而能夠解釋為何英語分別以 *before* 與 *after* 來分別指稱過去與未來的時間。另一方面，「本我在動」以本我做為判斷前後的主體，以先接近或經過本我的時間部分為「後」，以後接近或尚未經過本我的時間部分為「前」。「本我在動」的隱喻方式使得空間上的「前」與「後」得以分別表示未來與過去的時間，因而能夠解釋為何英語分別以 *ahead* 與 *behind* 來分別指稱未來與過去的時間。

此外，Clark（1973）區分二種類型的空間概念，分別為「感知空間（P-space）」與「語言空間（L-space）」，其中前者不須經由習得的歷程而產生，而是肇因於人體與周遭世界的相互作用，因而受到人類生理結構與物質世界的制約。至於後者則是語言，特別是空間詞語，所指稱的空間概念，其必須以「感知空間」為基礎並且經由語言習得的歷程才能產生。在此基礎上，由於語言中大部分的時間概念被認為是直接由「語言空間」隱喻而來，因此我們可以說時間詞語所指稱的概念乃是間接地產生於「感知空間」。這也表示語言中大部分的時間概念具有「感知空間」的特徵，這些特徵包括：（一）具有定位目標物所需的參考點、線、平面與方向。（二）具有由重力與地平面分別產生的垂直向度與水平向度。（三）具有肇因於人類生理構造與感知器官

的不對稱性。（四）受到人類採用面對面方式，即標準遭遇方式（canonical encounter），進行溝通的制約。

　　在另一方面，Lyons（1977）也以「處所主義」（localism）來指稱有關空間表達語無論在語法與語意上都比其他非空間表達語更為基本的假說。這種假說在心理學上有其依據，即空間組織在認知上占有極重要的地位。在弱性版本的處所主義中，此假說被用來說明語言中時間表達語大都從空間表達語延伸而來的普遍性現象〔註1〕。以英語為例，大部分的介詞大都同時具有空間與時間的用法，並且這些介詞中的時間意義大都產生於空間意義形成之後。就算是 for、since、till 等傾向於指稱時間的介詞，從歷時的角度而言也是延伸自空間詞語。此外，時制與動貌亦具有空間的基礎。以時制來說，其屬於一種時間的指示範疇，而這種範疇在空間上也有明顯的對應。例如，以說話時間為參照點的指示詞語，now / then，與以說話位置為參照點的處所詞語，here / there，相互對應。這顯示語言的時制系統傾向於使用空間位置來對時間作出區別，如「過去」與「非過去」的區別。動貌系統利用空間來作出區別的現象更為明顯。以事件為例，就像我們可以在線段中定位物體的存在地點一樣，我們可以在狀態（state）或歷程（process）的時間過程中定位事件的發生時間點，如 Our first child was born（at a time）when we were very hard up.。此外，在許多語言中，動貌通常也可以使用空間詞語或語法結構來表達。

　　相對於 Clark（1973）強調單向度空間在隱喻時間時的重要性，Traugott（1978）則認為人類語言以空間表達時制、序列（sequencing）與動貌（aspect）等時間性語意範疇時，通常選擇位置（location）與平面（plane）等空間成分的不對稱特徵來隱喻時間，而非向度（dimensionality）或形狀（shape）。就這點而言，Traugott （1978）認為相較於時間在物理上的單向性，身體空間（body-space）與標準遭遇方式更能說明具語言普遍性的時間語意。以時制為例，其具有〔＋／－近位〕（〔＋／－Proximal〕）、〔＋／－居先〕（〔＋／－Prior〕）與〔＋／－前〕（〔＋／－Front〕）等空間屬性，其中前二者屬於位置的空間成分特徵，而後者則屬於平面的空間成分特徵。在英語中，〔＋／－近位〕、〔＋／－居先〕與〔＋／－前〕等空間屬性在時間詞語上的呈現分別如 now / then、past / future 與 ahead / back 等詞語。值得注意的，隸屬於平面空間成分的〔＋

〔註1〕Lyons（1977）沿襲 Clark（1973）的看法，認為空間表達語所指稱的概念來自於人體與周遭世界的互動。

／－前〕屬性乃是以身體空間為基礎所做的區分，其中人類視覺感知得到的空間具有〔＋前〕屬性，而視覺感知不到的空間則具有〔－前〕屬性。至於標準遭遇方式對時間語意的制約則表現在序列中涉及連續事件（succession）的空間隱喻上。具體而言，當語言表達由二個先後發生的子事件所組成的連續事件時，先發生的子事件通常具有〔＋前〕的空間屬性而以具有該屬性的詞語來表示，如 before，後發生的子事件則通常具有〔－前〕的空間屬性而以具有該屬性的詞語來表示，如 after 來表示。這種現象可用標準遭遇方式的角度來解釋，即我們與別人之間的標準遭遇方式是面對面，在此前提下，我們所面對且離我們最近的是別人的「前面」。當這種空間關係被隱喻到時間層面時，就使得先發生的事件，即我們所面對且離我們最近的事件，具有〔＋前〕的空間屬性，而後發生的事件，即離我們較遠的事件，具有〔－前〕的空間屬性。在上述的基礎上，Traugott（1978）強調，語言傾向於使用一組具不對稱關係的空間詞語，如 come / go、front / back 與 up / down，來表達時間而不使用具對稱關係的空間詞語，如 left / right，的現象，須由身體空間與標準遭遇方式等角度來說明，而無法從時間在物理上的單向度屬性來加以解釋。

　　不同於 Traugott（1978）只強調位置及平面在時間隱喻中的作用〔註2〕，Radden（2003）認為以空間概念化時間時，我們可以利用空間結構的豐富性來將不同的結構成分，包含向度與形狀，映射至單向度的時間上，而不同的語言其利用空間結構的方式會有所不同。空間結構的豐富性表現在其所具有的幾種特徵：（一）空間具有三個向度。（二）三度空間中的定位需要縱軸（longitudinal axis）、垂直軸（vertical axis）與橫軸（left-to-right）等三個軸。（三）空間中的物體有可能具有任何形狀。（四）空間中的定位具有相對性，依其參照點是世界中的事物或者是具觀察者身分的本我而有所不同。（五）空間中的事物可能處於靜態或動態。（六）空間中的事物可以充當焦點（figure）或是參考點，並且這些事物都與特定的特徵及典型的行為相連繫。在此基礎上，Radden（2003）發現人類語言使用多種的空間結構成分來概念化時間，這些空間結構成分與時間的隱喻映射方式分別為：

　　　　（一）空間的向度性會映射至時間。例如，英語用來區分三種空間向度的介詞 at（單向度空間）、on（二度空間）與 in（三度空間）被映

〔註2〕Lakoff & Johnson（1980）與 Lakoff（1993）也曾聚焦於空間運動在時間隱喻中的作用，我們將在第三章予以詳細的論述。

射至時間用以分別指稱時點、「日」（days）這種時間單位的時段與「日」以外的時段。

（二）空間的定位方式（orientation）會映射至時間。例如：不管是英語還是現代漢語，縱向軸所區分出的「**前－後**」方位較常被映射至時間。此外，英語與現代漢語也常使用垂直軸所區分出的「**上－下**」方位來隱喻時間，分別如 *up / down* 與「**上**」／「**下**」，只是二者所採用的觀點並不盡相同。就英語而言，其採用二種不同的模式來分別隱喻過去與未來的時間。具體來說，英語採用「河流模式」（river model）來隱喻過去的時間，而採用「以人爲中心的模式」（anthropocentric model）來隱喻未來的時間。在「河流模式」下，「**過去**」是「**上**」而「**現在**」是「**下**」，如 *This tradition has lasted down to the present day.*。在「以人爲中心的模式」下，觀察者被視爲同時站在「**未來**」與「**過去**」的頂端，且「**未來**」往上方朝觀察者所在的「**現在**」移動並進一步往下朝「**過去**」移動，分別如 *The new year is coming up.* 與 *This year went down in family history.*。不同於英語，現代漢語使用「河流模式」來同時隱喻過去與未來的時間，分別如「上個月」與「下個月」。

（三）形狀會映射至時間。例如，西方文化常以直線來隱喻時間的經過。此外，二度空間的圓形則常被用來隱喻具有週期性及循環性的時間，如英語常使用圓形來隱喻 *year*。

（四）以觀察者，即本我，爲參照點的空間定位會映射至時間，但由於觀察者所採取的觀點具有相對性，因此時間亦具有相對性。例如，英語會以一個由過去朝著未來移動的觀察者作爲參照點來概念化時間，因此以前方表示「**未來**」，而以後方表示「**過去**」，如 *I can't face the future. / That's all behind us now*。然而，有些語言，如 Aymara 語，則以觀察者爲中心來概念化時間，由於我們可以知道或「看見」過去，但卻無法知道或「看見」未來，因此這些語言以前方表示「**過去**」，而以後方表示「**未來**」。

（五）觀察者看待事物序列的方式會映射至時間。一般而言，觀察者可以使用二種視角來看待事物序列，即「與本我一致的視角（ego-aligned perspective）」與「與本我對立的視角（ego-opposed perspective）」。就前者而言，本我以與事物序列同向的角度來看待該序列，就後者而言，本我則以與事物序列方向相對的角度來看待該序列。在「與本我一致的視角」的時間隱喻中，本我與時間序列的移動方向同向，因此位於本我之前的時間單元為「前」，本我之後的時間單元為「後」，如在現代漢語中，時間序列由未來往過去方向移動，因此「過去」為「前」，如「前天」，「未來」為「後」，如「後天」。另一方面，在西方語言較偏愛的「與本我對立的視角」的時間隱喻中，本我與時間序列的移動方向相對，因此當該序列出現在本我之前的時候，離觀察者較近的時間單元為「前」，較遠的時間單元為「後」。反之，當該序列出現在本我之後的時候，離觀察者較近的時間單元為「後」，較遠的時間單元為「前」。例如在英語中，時間序列由未來往過去方向移動，因此在未來的序列中，離本我較近的時間為「前」，較遠的為「後」，如 *tomorrow* / *the day after tomorrow*。在過去的序列中，離本我較近的時間為「後」，較遠的為「前」，如 *yesterday* / *the day before yesterday*。

（六）空間中的運動會映射至時間而產生「時間在動（moving-time model）」與「本我在動（moving-ego model）」等二種模式。此二種模式與 Clark（1973）的闡述相似，但是 Radden（2003）特別提到，相較於「本我在動」，「時間在動」比較符合世俗的觀點，然而「時間在動」有時會由未來往過去移動，如此則令人意外，因此必須由認知上的動機來加以說明。

2.1.2 Tai（1989）

相較於 Clark（1973）與 Lyons（1977）大都以英語作為探討的對象，Tai（1989）在二者的基礎上探討現代漢語時間與空間的概念化關係。他發現，與英語一致的，現代漢語也存在著以空間為基礎的時間隱喻，因而印證了處所主義的假設。這些概念隱喻可以從下列幾種現象中看出來：

（一）現代漢語使用本義分別指稱物體在空間中存在與附著的「在」與「著」作為動貌標誌，用以分別指涉動作的進行動貌與狀態的持續，如「我在看書」與「我看著書呢」等例子。

（二）現代漢語在時間表達的詞序上也和空間表達的詞序一樣，將整體置於部分之前，如「現在是一九八七年二月二十六日，下午四點三十分」。這使得 Tai（1985）提出時間範域原則（principle of temporal scope）〔註3〕來說明時間與空間詞語在詞序上的相似性。

（三）現代漢語用來表達時間的空間詞語在概念上具有單向度性、動態性與不對稱或方向性，因而呼應了 Clark（1973）的看法。時間詞語在概念上的單向度性可以表現在「時間很長／*寬／*高」的對比之中。時間詞語在概念上的動態性則表現在下列的例子中：「時間過得真快」。最後，在不對稱性或方向性方面，現代漢語與英語一樣使用具不對稱關係的空間詞語，如「前」／「後」與「上」／「下」，而不使用具對稱關係的空間詞語，如「左」／「右」，來表示時間概念。就「前」／「後」而言，在 Clark（1973）所區別的「**時間在動**」與「**本我在動**」的基礎上，Tai（1989）發現現代漢語與英語一樣，似乎同時使用「**時間在動**」與「**本我在動**」等二種概念隱喻，前者如「前天」與「後天」的對比，後者如「前途」與「後路」的對比。然而，與英語不同的，現代漢語的母語使用者較偏愛「**時間在動**」的概念隱喻，而英語的母語使用者則較偏愛「**本我在動**」的概念隱喻，這表現在英語除了使用 *ahead／behind* 來表示「**本我在動**」的概念隱喻外，尚須要 *before／after* 來將「**本我在動**」轉換為「**時間在動**」的概念隱喻，而現代漢語因為原本偏愛的就是「**時間在動**」，因此不需要額外的詞語來進行相同的轉換。就「上」／「下」而言，現代漢語分別使用「上」與「下」來表示過去時間與未來時間，分別如「上個月」與「下個月」。然而，Tai（1989）認為重力的物理法則，即物體總是由上往下墜落，是現代漢語系統性的使用「上」與「下」來分別表示「**過去**」與「**未來**」的經驗基礎，而與 Radden（2003）所提出的「河流模式」有所不同。

〔註3〕　所謂的「空間範域原則」是指：如果一個句法單元 X 所表示的概念位於另一個句法單元 Y 所表示概念狀態的時間範域之內，則二者的相對詞序為 YX。這個原則也可以用來說明「他昨天來了」與「*他來了昨天」在接受度上的對比。

2.1.3　Yu（1998）、Ahrens & Huang（2002）、Núñez & Sweetser（2006）

　　Yu（1998）曾在 Lakoff & Johnson（1980）與 Lakoff（1993）的基礎上探討現代漢語的「時間就是空間」隱喻〔註4〕。Lakoff & Johnson（1980）與 Lakoff（1993），特別是後者，以英語為研究對象來探究空間運動在時間隱喻中的映射方式。他們指出，英語具有一個一般性隱喻（The General Metaphor），即「時間的經過是一種運動（TIME PASSING IS MOTION）」。在此一般性隱喻之下又包含二個特殊隱喻，分別為特殊隱喻 1：「時間的經過是一個物體的運動（TIME PASSING IS MOTION OF AN OBJECT）」與特殊隱喻 2：「時間的經過是一個地景上的運動（TIME PASSING IS MOTION OVER A LANDSCAPE）」。就特殊隱喻 1 而言，觀察者是固定不動的，而時間則是朝著觀察者移動的實體，並且是從觀察者的前方（未來時間）往其後方（過去時間）移動，如 *Thanksgiving is coming up on us.*。在此例子中，時間實體 *Thanksgiving* 被設想成一個由未來朝著固定不動的觀察者 *us* 移動的物體。就特殊隱喻 2 而言，時間是固定不動的處所，而觀察者則是在時間之上移動，並且是從過去時間往其前方（未來時間）移動，如 *We're coming up on Christmas.*。在此例子中，時間實體被設想成一個固定不動的地景，而觀察者 *We* 在此地景上由過去往前朝著位於未來的一個處所 *Christmas* 前進。Lakoff & Johnson（1980）也曾提到，儘管上述的二個特殊隱喻並不具有一致性（consistency），但卻因為具有相同的涵蘊（entailment），即以我們的觀點而言，時間由未來朝著過去的方向經過我們，因而具有相互密合性（coherence）。

　　在 Lakoff & Johnson（1980）與 Lakoff（1993）的基礎上，Yu（1998）探討了現代漢語中時間與空間的隱喻對映，並且發現 Lakoff（1993）針對英語所提出的二個特殊的隱喻，即「時間的經過是一個物體的運動（時間在動）」與「時間的經過是一個地景上的運動（本我在動）」亦存在於現代漢語之中。然而與英語不同的，時間的空間隱喻更直接地反映在現代漢語的詞彙中，其中「時間在動」的例子如「過去」與「將來」等，都是將時間實體視為是一個由未來經過位於現在的固定不動觀察者，並且往過去移動的物體。「本我在動」的例子如「歷程」與「前途」等，則都是將時間實體視為是地景上的一個固定不動的處所，而位於現在的觀察者由過去朝著位於未來的該處所移動。在這二個特殊隱喻中，現在時間都被設想為與觀察者的時間一致。值得

────────────

〔註4〕我們將在本文的第三章介紹概念隱喻理論。

注意的，在許多例子中，現代漢語會結合空間詞語與身體部位詞語來表示現在，呈現出以空間為基礎的時間隱喻，如「眼前」、「眼底下」與「腳下」等例子。「時間在動」與「本我在動」的區別也可以用來說明一些疑似的矛盾現象。例如，現代漢語可以使用「來」來分別表示「未來」與「過去」，如「將來」與「以來」等例子；使用「前」來分別表示「未來」與「過去」，如「前途」與「前年」等例子。在「時間在動」與「本我在動」的架構下，「將來」與「前年」等例子被認為屬於「時間在動」的概念隱喻，這種隱喻以時間本身固有的方向性，即以最靠近觀察者的一端為「前」，以遠離觀察者的一端為「後」來概念化時間。「以來」與「前途」等例子則屬於「本我在動」的概念隱喻，這種隱喻以觀察者本身的不對稱性，即以觀察者面對的一端為「前」，以觀察者所背對的一端為「後」來概念化時間。因而，「時間在動」與「本我在動」的區別化解了上述可能的矛盾現象。此外，Yu（1998）也藉由調合人形模式（anthropomorphic models）與獸形模式（zoomorphic models）來說明現代漢語垂直向度的時空隱喻。就「時間在動」來說，在水平向度中，時間實體最靠近觀察者且最早經過觀察者的一端在垂直向度即為「上」。就「本我在動」來說，在水平向度中，地景最靠近觀察者且最早被觀察者所經歷的一端亦為「上」。在此基礎上，現代漢語使用「上」來表示較早或過去的時間，如「上半年」／「上個月」等例子，而以「下」來表示較晚或未來的時間，如「下半年」／「下個月」等例子。

除了上述二個特殊隱喻外，Yu（1998）發現現代漢語還存在著第三個特殊隱喻，即特殊隱喻 3：「時間同時是移動的物體與固定的地景」。在此隱喻中，時間既被概念化為可供本我移動的地景，也同時被概念化為一個移動的物體且其移動方向與本我相同，如「時不我待」與「時間不等人」等例子。在這二個例子中，本我，「我」與「人」，在時間構成的地景上以相同的方向追趕著正在移動的時間。根據上面的論述可以知道，Yu（1998）的研究再次驗證了「時間就是空間」的概念隱喻具有語言普遍性看法。然而誠如 Yu（1998）所言，在此一般性的隱喻原則之下仍存在著二個方向性參數，即「未來在前」與「未來在後」。其中前者存在於多數的語言之中，如現代漢語與英語，而後者在分布上則受到較大的限制。

在 Lakoff （1993）與 Yu（1998）的基礎上，Ahrens & Huang（2002）認為 Lakoff（1993）所提的時空隱喻存在著二個問題：首先，Lakoff（1993）

的一般性隱喻（General Metaphor），「時間經過是一種運動」，與本體（Ontology），即「時間被以事物和運動的角度來理解」，相互矛盾。具體來說，在一般性隱喻中，時間被視為是實體，然而在本體中，時間卻同時分別被視為是實體（entities）與運動，二者顯然有所衝突。再者，Lakoff（1993）的特殊隱喻 2：「時間的經過是一個地景上的運動」也可以被解讀成時間在地景上運動而並不一定涵蘊本我在動，因此必須將本我明確的納入特殊隱喻之中，才能避免此種衝突。為了解決上述的問題，Ahrens & Huang（2002）修正了 Lakoff（1993）的本體、特殊隱喻 1 與特殊隱喻 2，如下所示：

（1）Ahrens & Huang（2002）對 Lakoff（1993）的修正

　　本體：時間的經過被以運動的實體來理解

　　特殊隱喻 1：時間的經過是一個朝著本我移動的實體

　　特殊隱喻 2：時間的經過是一個在地景上移動且有本我附著於其上的點

就修正後的本體而言，其與一般性隱喻都將時間視為實體，因此二者之間不具矛盾性。就修正後的特殊隱喻 1 而言，本我被認為是面對著過去，而時間由未來往過去的方向移動。這樣的隱喻可以說明為何現代漢語以「前」來表示「過去」，如「前年」與「前不見古人」，而以「後」、「到」與「來」來表示「未來」，如「後年」、「聖誕節快到了」、「將來」與「來日」等。就修正後的特殊隱喻 2 而言，其可以解決三個問題。首先，修正後的特殊隱喻 2 把時間的經過視為是實體而非本我的運動，因而解決了原先特殊隱喻 1 與特殊隱喻 2 不一致的現象。其次，修正後的特殊隱喻 2 能解釋為何在 Yu（1998）有關「本我在動」的例子中，本我通常為群體而非個體，如「中國走過了十五年不平凡的歷程」與「人類即將跨入新世紀」等例子。最後，修正後的特殊隱喻 2 能說明為何在「本我在動」中，本我通常不能停止，如「*他們希望他們不會進入／到達明天」與「他們希望明天永遠不會來」所示。在這二個例子中，前者涉及「本我在動」的隱喻而本我無法停止移動，後者涉及「時間在動」而時間卻能停止移動。具體來說，修正後的特殊隱喻 2 之所以能解決第二個問題是因為此特殊隱喻涵蘊本我與由時間里程碑（temporal milestones）〔註5〕組成的地景具有概念上的一致性。由於每個重要的時間里程碑，如 21 世紀的開始，都是文化約定俗成的結果，因此涵蘊

─────────────────

〔註5〕在修正後的特殊隱喻 2 中，本我所附著的時間點即是一種時間里程碑。

經歷這些里程碑的觀察者通常必須是由複數個體所組成的群體，除非特殊的場景改變了時間里程碑的約定俗成性。至於修正後的特殊隱喻 2 之所以能解決第三個問題是因為在此特殊隱喻中，本我所附著的時間參考點必須不斷的保持移動，因此本我必須隨著它移動而不能停止。值得一提的，修正後的特殊隱喻 2 可以整合 Yu（1998）所提的特殊隱喻 2 與特殊隱喻 3。如此一來，Ahrens & Huang（2002）的分析不但可以避免來源域的分裂，也可以使整個分析更為簡化。

　　此外，在「時間在動」與「本我在動」的基礎上，Núñez & Sweetser（2006）認為「時間在動」除了可以使用本我作為參照點外，亦可以單純地以時間作為參照點來進行時空的隱喻映射而不涉及本我。在以時間作為參照點的隱喻映射中，本我是獨立於事件序列之外的旁觀者。該事件序列以靠近前進方向的一端為「前」而以遠離前進方向的一端為「後」。根據空間的經驗，靠近前進方向的一端通常會先到達目的地，因此「前」用來隱喻時間上的「先」或「過去」，反之，「後」則用來隱喻時間上的「後」或「未來」。由此可知，以時間為參照點的時空隱喻與以本我為參照點的時空隱喻具有相同的解釋能力。然而，根據認知心理學上的實證研究，以時間為參照點的時空隱喻較具有心理上的真實性（Núñez 2007）。

2.1.4　Wang（2002）、Wu（2003）、Lai（2002）、Lien（2000）

　　臺灣閩南語時間起點介詞的概念化研究還可以從語法化或概念擴展的角度來加以說明。在能對本論文有所啟發的前提下，我們回顧了以漢語系統語言為研究對象的語法化或概念擴展研究，包含 Wang（2002）、Wu（2003）、Lai（2002）與 Lien（2000）等。

　　Wang（2002）曾從認知語意學的角度探討現代漢語運動動詞（Motion Verb）「過」的語法化過程。她認為「過」的基本意義是指稱空間的運動，藉由隱喻、換喻（metonymy）與凸顯（profile）等認知機制，「過」由基本意義擴展至指稱時間的經過，並進一步擴展至指稱經驗動貌。「過」的語法化過程呈現出從與路徑相關的意義擴展至與路徑無關的意義、從空間意義擴展至時間意義、從具體意義擴展至抽象意義和從客觀意義擴展至主觀意義的歷程。就「過」的基本意義而言，Wang（2002）藉由意象圖式呈現「過」的基本意義乃是指稱射體（trajector）沿著路徑從陸標（landmark）的一端移動至

另一端，如「過馬路」、「過門不入」與「過山洞」等。此外，藉由凸顯或換喻的認知機制，我們可以將注意力聚焦於空間移動過程中的結果狀態，而使「過」產生結果的語意，如「跳過」與「接過」。再者，藉由「**時間就是空間**」的概念隱喻，「過」可以從指稱空間的移動擴展至指稱時間的經過，如「過年」與「過生日」。此外，藉由「**時間在動**」的隱喻，「過」也可以與動詞後的「去」結合來表示過去的時間，如「三年過去了」，在這個隱喻中，時間被視爲從未來經過充當參照點的本我並朝著過去移動。此外，指稱時間經過的「過」也可以藉由凸顯或換喻來指稱時間歷程的結果狀態，如「經過三年」。另一方面，由於一個移動事件的完成通常涵蘊該事件已經被經歷，因此產生出「**經驗就是完成（EXPERIENCING IS OVER）**」的換喻。藉由此換喻，「過」可以出現在動詞之後來指稱經驗動貌。值得注意的是，指稱經驗動貌的「過」受到出現語境的制約，即其只能出現在表達實現的語境中而不能在表達未實現的語境中使用。當動詞之後的「過」出現在表達未實現的語境中時，其通常只能指稱動作的完成而不指稱經驗動貌，如「你必須問過我再離開」。綜合言之，Wang（2002）的研究體現出 Claudi & Heine（1986）提出的概念擴展歷程：「空間」→「時間」→「性質」。

Wu（2003）則指出，現代漢語的動詞「過」具有指稱空間運動的本義。然而不同於 Wang（2002）使用凸顯或換喻來解釋「過」在擔任動詞補語時的語意成因，Wu（2003）則使用 Langacker（1991）所區分的總結性掃描與順序性掃描等二種概念化機制來加以說明。總結性掃描所概念化的實體（entities）關係不涉及設想時間（conceived time）〔註6〕，因此又稱爲「非時間性關係」（atemporal relation）。順序性掃描則是沿著設想時間來順序地概念化實體關係，因此這種關係又稱爲「時間性關係」（temporal relation; processes）〔註7〕。在此基礎上，指稱空間運動本義的動詞「過」被認爲肇因於順序性掃描，而指稱動作結果狀態的動詞補語「過」則涉及總結性掃描。再者，藉由「**本我在動**」、「**時間在動**」與「**本我和時間同時在動**」〔註8〕的概念隱喻，現代漢語

〔註6〕根據（Langacker 1987：487）的定義，設想時間是指充當概念化對象的時間。在此基礎上，「非時間性關係」不涉及對時間的概念化而與「時間性關係」相對。

〔註7〕根據（Langacker 1987：486）的看法，「非時間性關係」通常由介詞或形容詞來指稱，而「時間性關係」則通常由動詞來指稱。

〔註8〕「本我和時間同時在動」相當於 Yu（1998）所提的特殊隱喻3，即「時間同時是移動的物體與固定的地景」。

的動詞「過」得以從指稱空間運動擴展至指稱時間概念，分別如「過午不食」、「冬至剛過」與「民國過了一大半」等例子。此外，藉由概念隱喻，充當運動動詞補語的「過」其所指稱的「某個地方被人所經過」，如「這個地方很少人走過」，可以映射至時間域以指稱「某個事件被人所經歷」的經驗動貌，如「我吃過飯了」。根據上面所述，Wu（2003）再次展現了語法化的單方向性與概念隱喻及換喻等概念化機制在語法化中所扮演的關鍵角色。

　　Lai（2002）以客語的 Do（到）為研究對象，發現 Do（到）的語意延伸呈現出 Heine, Claudi and Hunnemeyer（1991）所提出涉及概念抽象化程度的隱喻範疇量級（scale of metaphorical categories）：「人」／「物體」→「空間」→「時間」→「結果」／「方式」。在空間與時間域的範圍內，藉由概念隱喻的手段，客語的 Do（到）由指稱人／物體到達某個地方擴展至表示動作發生的處所，再擴展至指稱動作在時空中的來源或藉由動作想要到達的時空目標。具體的來說，Do（到）擔任主要動詞時，其指涉人／物體的存在或到達，如 Gi mo Do vug-ka（他現在不在家）與 Gi Do-e vug-ka le（他已經到家了）。Do（到）也可以擔任動介詞（coverb）來引介位置、來源或目標等，如 Gi biong-e liong-ben su Do zog dang（他放二本書到桌上）。更進一步的，指涉目標的動介詞 Do（到）還可以擴展至指涉事件的時間終點，如 Gi tug-su tug Do ban-TA（他讀書讀到半夜）。再者，Do（到）可以擔任補語連詞（complementizer）來引介用以描述動作手段或動作結果的補語結構，如 Gi zeu Do dong giag（他跑得非常快）與 Gi gieu Do mug-zu fung-fung（他哭到眼睛紅紅的）。最後，Do（到）可以充當複合動詞的補語成分來指涉動作的結果，如 Gi mai-Do-e ge bun su（他已經買到了那本書）。

　　在上述現象的基礎上，Lai（2002）認為從語法上來說，Do（到）藉由重新分析的機制歷經了「動詞→動介詞→補語連詞→補語成分／詞綴」的語法化過程。此外，從語意上來說，Do（到）的語法化過程反映著「「人」／「物體」→「空間」→「時間」→「結果」／「方式」」的概念擴展歷程，而這種概念擴展歷程肇因於概念隱喻的認知機制〔註9〕。這表現在 Do（到）擔任動詞時，通常指稱人或物體到達或存在於某個地方；當其擔任動介詞時，通常

〔註9〕Lai（2002）在此處似乎沒有區分換喻與隱喻。我們認為，Do（到）從指稱人或物體到達或存在於某個地方延伸至指稱動作的空間位置或目標與從指稱動作的時間目標或終點延伸至指稱動作的結果，這其中所涉及的其實是換喻而非隱喻。

指稱動作的空間位置或目標並隱喻延伸至指稱動作的時間目標或終點；當其擔任補語連詞時，通常指稱動作的結果並隱喻延伸至指稱動作的方式；當其擔任複合動詞的補語成分時，通常指涉動作目的的達成。

Lien（2000）則曾從框架語意學（frame semantics）的角度，探討臺灣閩南語動詞，即「透」的多義性。框架語意學可以揭示出一個詞彙在多樣的語法表現下所具有的語意共同性，因此可以為詞彙的多義性提供一個統一的解釋。他發現藉由概念隱喻與換喻的認知機制，「透」可以各自進行語意延伸或概念擴展來產生多種相互關聯的義項。根據框架語意學，一個概念框架由一串相互關聯並且奠基於人類經驗的圖式（schemas）所組成，藉由概念隱喻或換喻等認知手段，相互關聯的圖式之間會產生轉移以形成語意的延伸。以「透」為例，其由一組相互關聯的圖式所組成，這些圖式包含：形成「**穿越**」概念的空間圖式（spatial schema），如「透新竹」（到達新竹）、形成「**完成**」概念的動貌圖式（aspectual schema），如「讀透」（讀完）與形成「**達到極性**」概念的量級圖式（scalar schema） 如「透早」（極早的早晨）。「**穿越**」的空間圖式體現的是「透」的基本意義，其涉及一個物體從某個範域的一邊移動至另外一邊。藉由「**時間就是空間**」概念隱喻，「透」的基本意義可以映射至時間域來指稱時間概念，包括涵蘊整個時間範域的覆蓋，如「透年」（整年）與「透晡」（整個半天）與涵蘊到達某個時間極性，如「透早」（一大早）與「透暝」（深夜）等。此外，藉由「**數量就是空間（Quantity as Space）**」的概念隱喻，「透」也可以指稱動作的完成，如「讀透」（讀完）與「別透」（完全知道；認識所有人）等。

從上面的論述可以知道，藉由概念隱喻的運作，「透」可以產生從空間圖式轉移至動貌圖式與量級圖式。此概念擴展在語意上的反映就是使「透」從指稱空間的穿越延伸至指涉動作的完成動貌與時間的量級或程度。這除了顯示「透」的多義性結構具有系統性的內部聯繫外，還標示出概念隱喻在概念擴展中所扮演的重要角色。

2.1.5 綜合評述

根據本節的論述，我們可以發現各個文獻都有其貢獻，並且對本論文也有所啟發。就 Clark（1973）而言，其從時間的單向度性、不對稱性與動態

性來探討時空的隱喻方式，成功的說明英語某些介詞所涉及的時空語意。由
於他的看法涵蘊時空隱喻必須配合時間的特性，我們認為這可作為 Lakoff
（1993）所提「不變異原則」（Invariance Principle）〔註10〕的先驅。同時，
Clark（1973）區分感知空間與語言空間，並且後者是在前者的基礎上經由學
習產生。由於感知空間乃是奠基於人體與週遭世界的互動，顯示語言空間以
及由其產生的時間具有體驗性（embodiment）。這種體驗性的分析揭示了時
空隱喻的認知基礎，給予時空隱喻一個最接近根本的解釋。由於 Clark（1973）
是以英語為主要研究對象，沒有涉及其他類型的語言，因此我們對臺灣閩南
語時間起點介詞的研究可用來驗證 Clark（1973）的觀點。此外，Lyons（1977）
與 Clark（1973）一樣，認為語言中大部分的時間表達都是以空間為基礎。
然而，相較於 Clark（1973），Lyons（1977）把時制與動貌也納入時空隱喻
的框架中，因此涵蓋面較 Clark（1973）寬廣。Lyons（1977）提示了我們，
時制與動貌是語言中重要的時間範疇，因此在時間研究中不能予以忽略。

　　Traugott（1978）基本上遵循著 Clark（1973）與 Lyons（1977）的研究脈
絡。然而，相較於 Clark（1973），Traugott（1978）有幾項的發現：首先，他
發現位置與平面等空間成分在時空隱喻中具有重要性。其次，他強調身體空
間與標準遭遇方式在時空隱喻的重要性。此項看法與前項看法涵蘊人體與世
界互動所產生的體驗性在時空隱喻中扮演關鍵的地位，因而與 Clark（1973）
的看法一致。最後，Traugott（1978）把事件序列也納入時空隱喻的框架中，
涵蓋面較 Lyons（1977）來的寬廣。Traugott（1978）與 Clark（1973）同樣的
告訴我們體驗性對概念隱喻等概念化機制的重要性，這使得本論文在探求臺
灣閩南語時空隱喻的根源時，必須把體驗性納入考量。

　　Radden（2003）是 Clark（1973）這個研究脈絡的集大成者。他的研究涵
蓋多種的語言並且發現能隱喻時間的空間成分非常豐富，因此能說明時空隱
喻的語言普遍性。此外，他不僅探討具概念不對稱性的時空隱喻，也觸及不
具不對稱性的時空隱喻，如向度性與形狀等。在他的基礎上，我們將關注臺
灣閩南語時間是利用哪些的空間成分來隱喻時間起點概念。

　　根據上面的論述，我們可以知道從 Clark（1973）到 Radden（2003）的研
究都致力於研究時空隱喻中所涉及的結構成分與映射方式，並且研究結果也
顯現出時空隱喻中所涉及結構成分的多元性與其在語言中的普遍性。然而，

〔註10〕我們將在第三章論述「不變異原則」（Invariance Principle）的內容。

這些研究都沒有針對漢語系統的語言作深入的探討。不同於上述文獻，Tai（1989）以漢語為研究對象驗證了 Clark（1973）及 Lyons（1977）等人的看法，並且發現現代漢語與英語在時空隱喻上存在著相同性與相異性。此外，Tai（1989）除了同時討論到涉及不對稱性與沒有涉及不對稱性的時空隱喻外，他也發現現代漢語的詞序反映著時間與空間的隱喻方式，因而提示了我們可以將詞序作為窺探臺灣閩南語時空隱喻的一種語法窗口。

有別於 Tai（1989）的研究取向，Yu（1998）與 Ahrens & Huang（2002）在 Lakoff & Johnson（1980）與 Lakoff（1993）的基礎上，探討空間運動在現代漢語時空隱喻中的映射方式，並且其研究結果印證了 Lakoff（1993）的看法。Ahrens & Huang（2002）則在 Lakoff（1993）與 Yu（1998）的研究基礎上修正了二者所提的時空隱喻結構。此項修正一方面解決了原始時空隱喻中二個特殊隱喻間的不一致現象，另一方面也整合了 Yu（1998）所提的特殊隱喻 2 與特殊隱喻 3，使得整個時空隱喻結構更為簡化。我們仍然可以在上述研究的基礎上，針對同屬漢語系統的臺灣閩南語其時間起點概念所涉及的時空隱喻，探討其來源域與目標域的隱喻映射方式及該隱喻映射是否涉及空間中的運動。

在語法化或概念擴展的研究方面，根據前面的論述，我們可以知道 Wang（2002）的創新之處在於其一方面使用意象圖式來呈現現代漢語運動動詞「過」位於空間域的基本意義，另一方面使用概念隱喻、換喻與凸顯等認知機制成功的解釋「過」的語法化或概念擴展歷程。Wang（2002）的研究再次的驗證概念隱喻與換喻在概念擴展中的不同功能，即前者通常被使用在跨認知域的的概念擴展，而後者則被使用在同一個認知域內部的概念擴展。就「過」所指稱的時間概念而言，其時間經過的意義來自於基本意義的語意延伸，而這當中所涉及的是概念隱喻的概念化機制。至於「過」的動作結果意義與經驗動貌意義則分別來自於時間經過意義與動作結果意義的語意延伸，二者所涉及的則都是換喻的認知機制。同樣以「過」的語法化為研究主題，Wu（2003）的創新之處在於其嘗試使用 Langacker（1991）所提出的順序性掃描與總結性掃描來解釋「過」在空間運動本義與動作結果意義上的不同認知成因，提供我們另一個新的理論視野。此外，Wu（2003）詳細的說明「過」時空隱喻具有「本我在動」、「時間在動」與「本我和時間同時在動」等三種方式，因而驗證了 Yu（1998）的看法。然而與 Wang（2002）不同的，Wu（2003）認為「過」的經驗動貌意義乃是藉由概念隱喻而從空間域中的動作結果意義，如

「經過大門」延伸而來。我們認為這樣的解釋忽略了經驗動貌意義與時間域中的動作結果意義，如「經過二年」，此二者之間所具有的鄰近性（contiguity）關係，因而沒有比 Wang（2002）的解釋來的妥適。Wang（2002）與 Wu（2003）的研究凸顯了意象圖式、概念隱喻或換喻，甚至是順序性掃描與總結性掃描等概念化機制在語法化或概念擴展中的重要性，因而可作為本論文所倚重的理論觀點。

　　在漢語方言的語法化研究方面，Lai（2002）一方面發現客語 Do 的語法化歷程具有 Heine, Claudi and Hunnemeyer（1991）所指出的單方向性，另一方面也發現概念隱喻或換喻在 Do 的語法化歷程扮演著關鍵的角色。具體而言，Do 在語法化過程中的二個地方涉及到換喻：即從指稱人或物體到達或存在於某個地方擴展至指稱動作的空間位置或目標與從指稱動作的時間終點擴展至指稱動作的結果。此二者都屬於同一個認知域內部的概念擴展且涉及的二個概念間都具有鄰近性。另一方面，Lien（2000）從框架語意學的角度，系統性的說明一個具多義性的詞彙其各種義項間的認知聯繫。Lien（2000）揭示概念隱喻與換喻在圖式轉移或語意延伸中所扮演的關鍵角色，例如藉由概念隱喻，「透」得以進行概念擴展而產生多義性。在此基礎上，Lai（2002）與 Lien（2000）證明了概念隱喻與換喻在臺灣閩南語概念擴展中的重要性，因此提醒了我們在探討時間起點的概念化時，不能忽略概念隱喻與換喻等二種重要的認知機制。

　　從本節的論述可以知道，概念隱喻與換喻是大部分語言用以概念擴展或語法化所採用的認知手段。就時間與空間之間的概念化關係而言，相關的文獻都顯示時間概念大都是藉由概念隱喻與換喻等概念化機制從空間概念擴展而來，只是不同的語言採用不同的概念成分或模式來進行概念隱喻或換喻的認知操作。上述的研究成果一方面指引我們從空間認知域去探尋時間起點的概念化根源，另一方面也啟發我們使用概念隱喻、換喻或其他概念化手段來闡釋臺灣閩南語時間起點的概念化歷程。

2.2　無時制語言的時間表達

　　臺灣閩南語與現代漢語在語法上都缺乏專門用以表達時制的詞素，因此二者皆屬於無時制語言。就無時制語言而言，動貌訊息在時間的表達上扮演關鍵的角色。舉例而言，現代漢語的動貌訊息主要由事件類型（event types;

situation types）與動貌觀點（aspectual viewpoints）來表達（Comrie 1976）。在這個層面上，時間起點介詞可以協助事件類型，使事件類型所表達的時間意義明確化，相對的，事件類型也可以協助我們界定時間起點介詞所引介的意義。在現代漢語時間起點介詞與事件類型關係緊密的前提之下，我們將在本節回顧以現代漢語事件類型爲研究對象的文獻，藉以作爲探究臺灣閩南語時間起點介詞與事件類型語意關係的基礎。此外，詞序也是無時制語言表達時間訊息的手段之一，特別就漢語系統這類具有明顯肖像性的語言來說，詞序在時間表達上的功用不應被忽略。因此我們也將在本節回顧 Tai（1985）對現代漢語詞序與時間表達的研究，藉以作爲探討臺灣閩南語時間起點介詞與詞序之間相關性的參考。最後，雖然探討臺灣閩南語時間表達的研究很少，但是我們也不能忽略鄭良偉（1997）針對臺灣閩南語如何表達時間概念所進行的研究。他的研究認爲臺灣閩南語在表達時間概念上是一種區分「實現」（realis）與「非實現」（irrealis）的語言〔註11〕，而非區別時制的語言。由於鄭（1997）所研究的語言對象與議題與本論文密切相關，我們將在本節中藉著回顧此篇文獻，從中找尋能夠啓發本論文研究的重要發現或論點。

2.2.1　Vendler（1967）、Tai（1984）、**鄧守信**（1985）、Smith（1990）

Vendler（1967）曾經根據動詞所指涉動作的內部時間結構（time schemata）而把英語的動詞分成以下四類：

（一）動作動詞（Activities）

指涉的動作具有連續的時制（continuous tense），但缺乏固定的時間端點（set terminal point），因此活動動詞通常不可以與表示時限的詞語連用，如 *He ran in an hour.*。

（二）達成動詞（Accomplishments）

指涉的動作具有連續的時制與固定的時間端點，因此達成動詞通常可以與表示時限的詞語連用，如 He *painted* the picture in an hour.。

（三）瞬成動詞（Achievements）

〔註11〕儘管鄭良偉（1997）認爲「實現」與「非實現」是一種時態（aspect）的區分，「實現」與「非實現」也可以被視爲是一種情態（mood）的區別，這種認知的差異反映出時態與情態二者的界線具有模糊性或爭議性。

指涉的動作缺乏連續的時制，但具有固定的時間端點，且時間的
起點與終點 幾乎重疊在一起。瞬成動詞通常可以與表示時限的詞
連用，如 He *found* the answer in an hour.。

（四）狀態動詞（States）

指涉的動作不但缺乏連續的時制，也缺少固定的時間端點，因此
通常不可以與表示時限的詞連用，如 *He *loved* Mary in an hour.。

上面的分類顯示英語動詞所指稱的動作或事件可以依據內部時間結構的
不同而區分出四種不同的類型。根據 Vendler（1967）的分析，英語動詞的指
涉涵蓋四種不同類型的事件，並且這些不同類型的事件在語法上都有各自不
同的表現。換句話說，藉由語法上的線索，我們可以窺探英語動詞所指稱的
事件類型。

Vendler（1967）的研究成功揭示出動詞的時間結構，為時間語意的研究
開闢出一個新的視野。在其基礎上，Tai（1984）曾經指出 Vendler（1967）對
英語動詞所作的分類並不完全符合現代漢語動詞的現狀。Tai（1984）發現，
現代漢語與英語的動詞在語意及類別上有下列幾點的不同：

（一）英語的達成動詞蘊含動作目標的達成，現代漢語則沒有與之相對
應的動詞範疇，而必須以「結果式複合動詞」（Resultative Verb
Compounds；RVC）來指涉動作目標的達成。舉例而言，在現代漢
語中，「畫了一幅畫」中的動詞「畫」並不對應於英語 to *paint a
picture* 中的 *paint*，因為現代漢語可以允許「我昨天畫了一張畫，
可是沒畫完」這樣的句子，然而英語中卻沒有相對應的句子。此
外，當使用結果式複合動詞時，現代漢語就不允許上述句子的存
在，如「*我昨天畫完了一張畫，可是沒畫完」〔註12〕。這顯示現
代漢語的結果式複合動詞涵蘊動作目的的達成而與英語達成動詞
的語意功能相互對應。

（二）英語的達成動詞同時具有「動作」（action）與「結果」（result）等
二個動貌（aspect），現代漢語的結果式複合動詞則只具有「結果」

〔註12〕根據 Chu（1976）的看法，現代漢語的動作動詞（action verbs）本身並不預設
或涵蘊動貌或情態，而是必須藉由一些句法裝置來完成。例如，動作動詞的
重疊（reduplication）可以預設動作的企圖；動作動詞與完成貌標誌「一了」
的共現可以預設動作的實現；動作動詞與結果補語的共現可以涵蘊動作目的
的達成。

動貌而缺乏「動作」動貌。舉例而言，現代漢語的結果式複合動詞不能有表示進行動貌的用法而只有結果式複合動詞的第一個成分可以有進行動貌的用法，分別如「*我在學會中文」與「我在學中文」等例子，然而英語的達成動詞則與動作動詞一樣可以有進行動貌的用法，如 *I am learning Chinese.*。這顯示現代漢語的結果式複合動詞只具有「結果」動貌而缺乏「動作」動貌，因而與英語的達成動詞有所不同。

（三）英語的某些瞬成動詞在現代漢語中也是以結果式複合動詞呈現，且這類的結果式複合動詞也只具有「結果」的動貌。例如英語的瞬成動詞 *to find* 與現代漢語的結果式複合動詞「找到」相互對應，並且「找到」與 *to find* 都不能有進行動貌的用法，顯示二者並不具有「動作」的語意而只具有「結果」的語意。

根據上述的論點，Tai（1984）認為現代漢語並不具有存在於英語的「達成動詞」與「瞬成動詞」等二種動詞類別，而是具有「結果動詞」（result verb）的類別。此一「結果動詞」在語意上不具有連續的時制，但是具有一個從事件結果角度所看待的時間終點。換句話說，現代漢語只具有「動作動詞」、「靜態動詞」與「結果動詞」等三種動詞類別而與英語有所差異。Tai（1984）的分類顯示現代漢語只具有三種事件或動貌類型，這表現在現代漢語的動詞具有與英語不同的語法表現形態之上。

鄧守信（1985）則站在支持 Vendler（1967）的基礎上，認為只有在整個句子的範圍內才能有系統的對漢語的情境類型或動貌〔註13〕進行分類。更具體的說，我們必須依據整個述語的結構來界定不同的情境類型而不能只依據動詞的語法表現。鄧守信（1985）並且指出 Tai（1984）認為漢語不存在著完結情境類型（Accomplishments）的看法是不正確的，這種不正確的看法乃是肇因於 Tai（1984）只以動詞本身的語法表現來區分情境類型而與 Vendler（1967）以整個句子的時間結構為分類依據的做法有所不同。舉例而言，「走到學校」這個述語結構同時指稱動作與動作的目標，因此屬於完結的情境類型。此外，動詞與情境類型分屬於二種不同的層次，二者沒有絕對的關係。例如，動詞「學」其實可以出現在活動與完結等二種情境類型，分別如「他

〔註13〕鄧守信（1985）以語境（situation）來指稱事件類型，但如此將會與「context」混淆，因此我們將其翻譯為「情境」。

去年學法語」與「他學了兩年的法語」。在此基礎上，鄧守信（1985）從時段（period）、時點（point）與時頻（frequency）等時間結構的角度，根據語法上的線索來區分出漢語的四種情境類型：活動（Activities）、完結（Accomplishments）、達成（Achievements）與狀態（States）。就活動情境類型而言，其可以與指涉時段的詞語，如「三天」共現，以表示活動持續的範圍。活動情境類型也可以與指稱時點的詞語，如「昨天」共現，以表示活動的開始或進行。此外，它也能與指稱時頻的詞語，如「很少」共現，以表示活動發生的頻率。就完結情境類型而言，其可以分別與指涉時段和時點的詞語搭配使用，藉以分別表示活動完成後到說話時間之間的長度與活動完結的終點。然而，完結情境類型不能與指稱時頻的詞語一起使用。就達成情境類型而言，其可以與指涉時段或時點的詞語共現來表示狀態變化的起點或終點。然而，此種類型與時頻的共現情況較為複雜，有些語例允許與時頻共現，有些則否，其中的規律仍需要進一步的探討。就狀態情境類型而言，其只可以與指涉時段的詞語共現以表示狀態持續的時間，但是卻不能與指稱時點和時頻的詞語共現。最後，鄧守信（1985）也提到語言動貌與情境類型的緊密關係。這種緊密關係表現在二個方面：首先，語言動貌乃是受到情境類型的制約而非動詞。例如，經驗貌可以與活動情境類型共現而不能與完結情境類型共現，如「他教過書」與「*他走到過大學」，至於完成貌則相反，其可以與完結情境類型共現而不能與活動情境類型共現，如「他買了一本字典」與「*他走了路」。其次，語言動貌的分布反映著不同的情境類型，例如不能與完成貌共現但卻能與慣常貌、進行貌與經驗貌共現的通常為活動情境類型；能與完成貌共現但卻不能與其他三種語言動貌共現的通常為完結情境類型；能與完成貌與經驗貌共現但卻不能與其他二種語言動貌共現的通常為達成情境類型；能與慣常貌共現但卻不能與其他三種語言動貌共現的通常為狀態情境類型。

　　Smith（1990）也在 Vendler（1967）與 Tai（1984）的基礎上探討現代漢語的情境類型〔註 14〕。她與鄧守信（1985）一樣都認為事件類型涉及句子的層級，無法只由動詞來指涉，而必須由動詞群組、補語與狀語來共同決定。

〔註 14〕Smith（1990）仍以「event types」來指稱句子所表達的不同時間結構，但 Smith & Erbaugh（2001, 2005）與 Smith（2006）等開始以「situation types」來取代「event types」。

換句話說，情境類型會在句子層次呈現其語法及語意特徵，而不一定侷限在動詞本身。Smith（1990）認為現代漢語的情境根據其內部的時間結構可區分為有終事件（telic event）、無終事件（atelic event）、狀態變化事件（change-of-state）與狀態（states）等四種類型，因而與 Vendler（1967）和鄧守信（1985）的看法一致。有終事件與狀態變化事件都具有自然的終點，因此都屬於有界的情境（bounded situations），但前者的內部尚包含具有連續性的不同事件狀態，而後者則無。無終事件與狀態都缺乏自然的終點，因此都屬於無界的情境（unbounded situations），但前者可以具有一個任意或可能的終點，並且其內部尚包含具有連續性的不同事件狀態，至於後者則同時缺乏任何類型的終點與具連續性的不同事件狀態，而只具有同質性的連續狀態。為了證明有終事件在現代漢語的存在，Smith（1990）使用有終事件所具有的三種屬性，即具有完結成分（completion）、具有過程成分（duration）、完結成分與過程成分具有不可分離性等屬性來加以驗證。就第一種屬性而言，現代漢語的某些結果式複合動詞專門用來指稱事件的完結，因此被認為呈現出有終事件的完結性，如「他去到香港」。就第二種屬性而言，現代漢語用來專門指稱事件完結的結果式複合動詞可以在句子中與動詞「花」共現來表示事件的過程，因而呈現出有終事件的過程性，如「他們花了三年蓋好房子」。就第三個屬性而言，所謂的完結成分與過程成分具有不可分離性是指一個具有完結成分的有終事件總是涵蘊著另一個具有過程成分的事件存在。這種屬性在現代漢語上的表現就是：某些指稱事件完結的結果式複合動詞，當其出現在具有完成動貌（perfective）的句子中時，通常涵蘊著另一個具有未完成動貌（imperfective）存在。例如，如果「張三昨天寫完了一封信」這個句子為真，則「張三昨天在寫一封信」這個句子亦為真，這二個句子間的涵蘊關係顯示出有終事件其完結成分與過程成分的不可分離性。藉由上述的論證，Smith（1990）發現有終事件也存在現代漢語之中。

除了論證有終事件在現代漢語中的存在外，Smith（1990）也區分出事件動貌（event aspect）與觀點動貌（viewpoint aspect）等二種動貌類型。事件動貌，如有終動貌（telic aspect）與無終動貌（atelic aspect）等，其功用在於使說話者能將一個特定的事件歸入某個情境類型，而觀點動貌，如完成動貌與未完成動貌等，其功用則在於使說話者能從某個特定的時間角度來呈現所談論的情境。由此可知，事件動貌與觀點動貌彼此間並不互相衝突，二者共同

構成了句子的動貌系統。舉例而言，雖然有終事件同時具有過程與完結等二種成分，但在未完成動貌的觀點下，其在句子中只呈現出過程成分，而在完成動貌的觀點下，則只呈現出完結成分。在上述的觀點下，Smith（1990）討論了結果式複合動詞與上述二種動貌之間的關係並且發現結果式複合動詞對二種類型的動貌都有所影響。舉例而言，現代漢語的結果式複合動詞可依據其補語成分的語意功能而區分出三種類型：方向性結果式複合動詞，如「飛上」與「走進」等例子、結果狀態結果式複合動詞，如「吃飽」與「躺平」等例子、完結性結果式複合動詞，如「修理好」與「看見」等例子。在這三種類型中，方向性結果式複合動詞與結果狀態結果式複合動詞通常只用來表示事件動貌並且不具有改變情境類型的功能。至於完結性結果式複合動詞大都能同時表示事件動貌與觀點動貌。在表示事件動貌方面，完結性結果式複合動詞具有將事件類型轉換為狀態變化事件的功能，如「我找了手錶」所表達的是一個無終事件，而「我找到了手錶」所表達的則是一個狀態變化事件。至於在表示觀點動貌方面，完結性結果式複合動詞通常表達完成觀點動貌，如「我找到了手錶」中的觀點動貌標誌「了」只表示整個事件是一個有界的事件，而必須搭配完結性結果式複合動詞「找到」，才能表達整個事件的完成，因此完結性結果式複合動詞對於完成觀點動貌的表達有所貢獻。

綜合上面的論述，我們也可以明瞭現代漢語的結果式複合動詞同時涉及事件動貌與觀點動貌，因此我們不能只根據涉及完成觀點動貌的結果式複合動詞就認定現代漢語不存在著有終事件。更具體的說，Smith（1990）之所以認為現代漢語存在著有終事件是因為現代漢語具有有終事件的語法屬性及語意屬性，而與結果式複合動詞沒有絕對的關聯。

2.2.2　Smith & Erbaugh（2001, 2005）、Smith（2006）

以涉及情境類型與動貌觀點的動貌訊息研究而言，Smith & Erbaugh（2001, 2005）與 Smith（2006）以現代漢語的時間詮釋為研究主題發現動貌訊息在時間的表達上也扮演重要的角色。在此議題上，Smith & Erbaugh（2001）首先指出現代漢語的動貌系統主要是由情境類型與動貌觀點所組成。此外，現代漢語缺乏表達時制的語法系統，因此時制乃是藉由情境類型、時間性狀語、情態助動詞或特定的一些動詞來表達。動貌觀點主要包含完成與未完成等二種動貌，前者通常由「－了」、「－過」或某些結果式複合動詞

的補語成分，如「－完」，所表達；後者則通常由「在」與「－著」所表達。
情境類型在現代漢語中則通常藉由動詞群組來表達。其情境類型涵蓋事件與
狀態等二種類型，其中狀態通常藉由表示習慣或普遍性的子句來表達。在時
制的表達方面，現代漢語的情態助動詞，如「會」、「要」、「能」與「可以」
等，傾向於表達未來時間。再者，某些特定的動詞，如「計畫」、「提議」與
「決定」等，亦傾向於指稱未來時間。至於時間性狀語，如「現在」、「明天」、
「就」與「才」等，在現代漢語中也具有表達時間訊息的功能。此外，Smith
& Erbaugh（2001）認為現代漢語在句子層次的表達驗證了「普遍性時間詮
釋指示型態」（Generalized deictic pattern of temporal interpretation）的存在。
所謂的「普遍性時間詮釋指示型態」可被視為是一條藉由動貌訊息與說話時
間（Speech Time）產生時間詮釋的語用原則〔註15〕。這條語用原則使得現代
漢語的句子可以根據情境的有界性（boundness）來指稱時制的訊息。在此基
礎上，現代漢語的「普遍性時間詮釋指示型態」為：A. 無界情境總是位於
說話時間，並且由含有動貌標誌「在」／「－著」的子句、含有狀態動詞群
集的子句或表示習慣或普遍性的子句來表達。B. 有界情境總是位於說話時
間之前，並且由含有動貌標誌「－了」／「－過」、結果式複合動詞或事件
動詞群集的子句來表達。C. 其他較為明確的時間訊息可以推翻 A 與 B，並
且這些訊息通常由子句中的情態助動詞、狀語與時間導向的動詞來表達。由
上可知，藉由「普遍性時間詮釋指示型態」，現代漢語可以依據具有動貌結
構的情境類型來定位出事件的時間位置或時制。然而值得注意的，情境類型
無法只依賴本身的有界性來表達所有的時間訊息，而是必須與動貌觀點、狀
語和詞彙訊息相互作用才能在現代漢語中表達完整的時間訊息。

　　在 Smith & Erbaugh（2001）的基礎上，Smith & Erbaugh （2005）與 Smith
（2006）更詳細的闡述現代漢語如何利用由情境類型及動貌觀點組成的動貌
訊息與語用原則來產生默認的時間詮釋（default temporal interpretation）。默認
的時間詮釋通常是指示性的（deictic），也就是必須以說話時間，即現在，作
為定位時間位置的參考點。就情境類型而言，其涵蓋事件與狀態等二種類型，
其中前者通常具有終點，如「蓋一間房子」，因此是有界的；後者通常不具有
終點，如「相信」，因此是無界的。然而必須要注意的，根據 Smith（1990）

〔註15〕根據 Lyons（1977），說話時間是語言用來定位時間位置的默認參考點（default
　　　　 temporal reference）。

的看法，事件還可進一步區分為有終事件、無終事件與狀態變化事件等三種類型。其中，無終事件缺乏自然或固有的終點，但在某些語境中，其可以具有一個任意或可能的終點，因此在一般的情形下，無終事件是無界的，但在某些語境中，其可以是有界的。例如，*run an hour* 雖然指稱的是一個不涉及完成語意屬性的無終事件，但是其具有一個暫時性的終點，因而可以被視為是有界的。就動貌觀點而言，Smith & Erbaugh（2005）區分出完成（perfective）、未完成（imperfective）與中立（neutral）等三種動貌觀點。完成動貌觀點將情境視為一個具有終點的有界情境；未完成動貌觀點將情境視為一個不具有終點的無界情境；中立動貌觀點則是能夠根據所獲得的訊息而將情境視為有界或無界。值得注意的，雖然狀態情境與未完成動貌都是無界的，但前者在特定的語境下可以轉變為起始貌（inchoative aspect），而後者則否，顯示二者在語意功能上仍有差別。在上述的基礎上，藉由有界事件制約（Bounded Event Constraint）（Lyons 1977）、詮釋的簡單原則（Simplicity Principle of Interpretation）與時間圖式原則（Temporal Schema Principle）等三條語用原則與 Reichenbach（1947）所提出的參照時間（Reference Time; RT）、情境時間（Situation Time; SitT）與說話時間（Speech Time; SpT）等三種類型的時間參考點，現代漢語的句子可以根據情境的有界性（boundness）產生默認的時間詮釋來指稱時制的訊息。就 Reichenbach（1947）所提出的的三種時間參考點而言，參照時間是指說話者想要聽話者用來看待情境的時間角度。情境時間則是指情境發生的時點或時段。說話時間則是指說話者說話時的時間，通常為現在。這三種類型的時間參照點可以幫助我們詮釋現代漢語的時間表達。舉例而言，參照時間與情境時間可以說明「－了」與「－過」的差異，即前者表示 SitT 與 RT 一致，而後者表示 SitT 在 RT 之前。此外，「在」／「－著」與「－了」一樣也都表示 SitT 與 RT 一致。其實，SitT 與 RT 一致是一種默認詮釋（default interpretation），而「－了」與「在」／「－著」都具有表達這種默認詮釋的功能。這些例子也說明現代漢語的動貌標誌大都只呈現 SitT 與 RT 之間的關係而不呈現 SpT 與 RT 的關係。此外，Smith（2006） 也提到，Reichenbach（1947）所提出的的三種時間參考點可以用來分別說明簡單的時制意義與動貌所表達的時制意義。就簡單的時制意義而言，在 RT 與 SitT 一致的前提下，現在時制的 RT 與 SpT 一致；過去時制的 RT 位於 SpT 之前；未來時制的 RT 位於 SpT 之後。就動貌所表達的時制意義而言，有界事件被包含在

SitT 裡面，而無界事件或狀態則包含 SitT 或與 SitT 重疊。

在語用原則方面，Smith & Erbaugh（2005）與 Smith（2006）所提的第一條語用原則，即有界事件制約，是指：一個有界情境不會位於「現在」。這條制約產生了 Smith & Erbaugh（2001）所提的「普遍性時間詮釋指示型態」，使我們可以根據情境的有界性來詮釋時制訊息。Smith & Erbaugh（2005）與 Smith（2006）進一步藉由第二條語用原則，即詮釋的簡單原則，來解釋為何有界情境其默認的時制詮釋是「過去」而非「未來」。所謂的「詮釋的簡單原則」是指：在多種可能的時間詮釋中，須選擇需要最少額外訊息的詮釋。由於「未來」比「過去」多了不確定性的因素，例如語言中表示「未來」的助動詞，如 *will* 或 *may* 等，通常亦有指稱不確定的情態意義，因此「過去」被視為比「未來」簡單。據此，除非在句子中「未來」被清楚的標示，否則漢語使用者會選擇概念上較為簡單的「過去」作為有界情境的默認詮釋。至於第三條語用原則，即時間圖式原則，專門應用於缺乏明確時間或動貌觀點訊息的子句，即零標誌子句（zero-marked clause）。所謂的「時間圖式原則」是指：在一個零標誌子句中，須根據一個動詞群組所指稱情境類型的時間圖式來詮釋該動詞群組，除非有明確標示或語境中的時間訊息與之衝突。這裡所謂的時間圖式即是情境類型的內部時間結構。根據內部時間結構的有界性，我們可以對現代漢語的零標誌子句進行時制詮釋。

2.2.3 鄭良偉（1997）

與現代漢語同屬漢語系統的臺灣閩南語如何表達時間訊息是必須探討的議題。針對這個議題，鄭良偉（1997）指出臺灣閩南語是一種無時制語言，並且臺灣閩南語在語法及語意上存在著許多用來詮釋時制訊息的線索。為了論證自己的看法，鄭良偉（1997）指出，傳統上被認為是時制標誌的「有」、「無」、「會」與「袂」等助動詞其實是情態標誌（modal marker）或時態〔註16〕標誌而非時制標誌。其中，「有」用來強調一個事件的發生；「無」用來斷定一個事件沒有發生；「會」用來推測一個事件可能發生；「袂」用來推測一個事件不可能發生。這四個情態標誌或時態標誌分別與靜態動詞及非

〔註16〕鄭良偉（1997）將時態（aspect）定義為從參照時間（Reference Time; RT）觀察狀態或事件的方式，因而與 Comrie（1976）的定義相近。此外，在本文及相關的文獻中，時態通常又被稱為動貌。

靜態動詞搭配使用時會產生時制的詮釋。具體而言,「有」／「無」與靜態動詞及非靜態動詞搭配使用時,傾向於產生過去時制的詮釋,而「會」／「袂」與靜態動詞及非靜態動詞搭配使用時,則傾向於產生未來時制的詮釋。在這個例子中,臺灣閩南語並非利用時制標誌來表達時制訊息,而是利用靜態動詞與非靜態動詞的區別及這個區別與「有」、「無」、「會」及「袂」等情態或動貌標誌的相互作用。

　　此外,鄭良偉(1997)也認為,臺灣閩南語在表達時間概念上是一種區分「實現」(realis)與「非實現」(irrealis)的語言,而非區分「過去」與「非過去」的語言,其具體表現在臺灣閩南語傾向於使用專有的標誌來標示「非實現」的事件,但是對於「過去」或「非過去」的事件卻沒有同樣的使用專有的標誌來標示。由於「實現」與「非實現」涉及的是時態(aspect)的區別,而「過去」與「非過去」所涉及的則是時制(tense)的區別,因此我們可以說臺灣閩南語是一種區別時態的語言,而非區別時制的語言。再者,鄭良偉(1997)於臺灣閩南語中區分出「回顧既往時態」(Retro-spective)、「觀察現況時態」(Synchro-spective)與「前瞻未來時態」(Pro-spective)等三種時態,其中前二者屬於實現時態,而最後者則屬於非實現時態。其中,「回顧既往時態」指稱從參照點回顧既往情況的變化情形;「觀察現況時態」指稱觀察某個情況在參照點裡有否發生或是否在進行;「前瞻未來時態」指稱從參照點預期某情況是否會發生。就非實現時態來說,其一定要搭配「會」、「欲」(想要)或「愛」(需要)等標誌〔註17〕,如「伊後禮拜*(會／欲／愛)來」(他下禮拜會／想要／必須來),然而實現動貌則使用「有」或零標誌,如「伊這禮拜(有)逐日來看我」(他這禮拜每天來過我)與「伊(有)去過台北」(他去過台北)。這顯示非實現時態一定需要標誌來加以標示,然而實現時態卻不一定需要語法標誌。此外,鄭良偉(1997)也發現臺灣閩南語的時態與時制之間並沒有嚴格的搭配限制。具體而言,除了「觀察現況時態」只能與過去和現在時間搭配外,「回顧既往時態」與「前瞻未然時態」都能與過去、現在及未來的時間搭配。綜合言之,臺灣閩南語在語法上區分實現時態與實現時態一方面顯示二者在語言使用者的認知中具有不同的地位,其中非實現時態顯然更受到臺灣閩南語使用者的關注,另一方面也顯示時態在臺灣閩南語中的重要性高於時制,這也表現在我們可以藉由時態來產生時制詮釋,卻不能依

─────────────────

〔註17〕「欲」與「愛」的讀音分別為 beh4 與 ai3。

靠時制來產生時態訊息。這種時間表達上的特徵使得臺灣閩南語在語言類型上與其他區分「**過去**」與「**非過去**」的語言，如現代漢語，有所區別〔註18〕。

2.2.4 Tai（1985）

從肖像性（iconicity）的觀點而言，語言有時會透過某些肖像性原則來將時間訊息投射至詞序之上。針對此點，Tai（1985）曾探討現代漢語中詞序與時間意義之間的關係，並且發現現代漢語的狀語在動詞前方與動詞後方的語意差異可以用時間順序原則（Principle of Temporal Sequence; PTS）來加以說明，因而與 Light（1979）的觀察一致。所謂的時間順序原則是指二個句法單元間的相對詞序取決於其指稱概念的時間順序，亦即二個句法單元在句子中的先後順序反映著其指稱概念在時間上的先後順序，因而呈現出肖像性（iconicity）（Haiman 1985）。以指稱時段的狀語為例，其通常只能出現在動詞的後面來表示動作發生後到句子被陳述時的時間距離，如「他病了三天了」／「她走了三天了」，而不能出現在動詞的前面來表示相同的語意，如「*他三天病了」／「*她三天走了」。再以表示方向性位置的狀語為例，時間順序原則可以說明「他昨天到美國來」與「他昨天來到美國」等二個句子的語意差異。具體而言，前句中的「到美國」指稱的是一種意欲到達的目標，其在動作發生前就必須先設定完成，因此必須出現在動詞之前；後句中的「到美國」指稱的則是藉由動作所達到的目標，其通常是移動動作結束後，移動者所在的地點，因此必須出現在動詞之後。從上述可知，時間順序原則可以系統性的解釋現代漢語中許多涉及狀語與動詞相對詞序的語法現象。

除了時間順序原則之外，Tai（1985）還提出時間範域原則（The Principle of Temporal Scope; PTSC）來解釋某些涉及詞序與時間表達的語法現象。所謂的時間範域原則是指：如果一個句法單元 X 所表示的概念位於另一個句法單元 Y 所表示概念狀態的時間範域之內，則二者的相對詞序為 YX。舉例而言，這個原則可以用來說明「他昨天來了」與「*他來了昨天」在接受度上的對比。在前句中，「來」所指稱的動作發生在「昨天」所指稱的時間範域

〔註18〕鄭良偉（1997）對現代漢語在時間表達上區分「**過去**」與「**非過去**」的看法與 Smith & Erbaugh（2001, 2005）與 Smith（2006）的看法不同。鄭良偉（1997）的看法表示現代漢語是一種時制語言，而 Smith & Erbaugh（2001, 2005）與 Smith（2006）卻認為現代漢語是一種無時制語言。

之中，因此其詞序符合時間範域原則。反之，後句的詞序並不符合時間範域原則，因此不被接受。從另一個角度來說，時間範域原則是在整體概念先於部分概念的詞序原則上產生的，因此具有空間上的基礎。綜合言之，從現代漢語的時間順序原則與時間範域原則可以明瞭，事件之間或事件內部的時間關係可以藉由詞序來表達，呈現出詞序在時間表達上的重要性。

2.2.5　綜合評述

在情境類型的研究文獻方面，Vendler（1967）雖然主旨是在探討動詞內部的時間結構，但是從其所舉的例子及分析中可以發現，他是在句子層次根據整個述語所表達的時間結構來分類動詞，因此他所聚焦的其實是情境的分類，而分類的依據就是情境的時間結構。雖然 Vendler（1967）揭示了時間結構與情境類型的緊密聯繫，然而他研究的對象是英語，因此其對情境的分類是否具有語言的普遍性，仍需要其他語言，如不同於英語語言類型的漢語系統的驗證。儘管如此，Vendler（1967）已經看出情境的時間結構會反映在語法之上，因此我們可以從語法上的線索來區別不同情境類型的時間結構。這樣的研究方法奠定了後續情境時間研究的基礎。

在 Vendler（1967）的基礎上，Tai（1984）認為現代漢語亦具有動作動詞與狀態動詞等二種類別，但卻不存在達成動詞與瞬成動詞，而只具有結果動詞，因而與英語不同。上述二者的差異乃是肇因於 Tai（1984）的研究焦點與 Vendler（1967）不同，前者所探討的其實是動作的時間結構類型，而後者所探討的是整個情境時間結構類型。由於臺灣閩南語時間起點介詞組所充當的狀語是句子層次的一個語法成分，因此其內部的時間結構是情境而非動作的一部分。在此基礎上，本論文將在句子的層次上來探討整個情境時間結構類型。

站在與 Tai（1984）不同的立場，鄧守信（1985）指出現代漢語在句子的層次亦存在著 Vendler（1967）所發現的四種情境類型，顯示 Vendler（1967）的分類似乎具有某種程度的語言普遍性。鄧守信（1985）發現語言動貌，如經驗貌與完成貌等與情境類型具有緊密的關係。這啟發我們：時間起點介詞所引介的時間概念是情境類型的一部分，二者之間的關係應更為密切，但是其關係到底為何呢？我們將以臺灣閩南語來找尋這個問題的答案。

與鄧守信（1985）相同的，Smith（1990）也在句子的層次發現現代漢

語具有有終事件、無終事件、狀態變化事件與狀態等四種事件類型〔註 19〕。Smith（1990）的論證焦點在於現代漢語是否具有有終事件，其最大的貢獻在於提出了用以檢測有終事件是否存在的方法，即以有終事件的三種屬性：完結性、持續性與不可分離性作爲檢測的標準。根據這些標準，我們也可以用來檢測臺灣閩南語是否也具有有終事件。此外，Smith（1990）將動貌區分爲事件動貌與觀點動貌等二種類型，如此不但可以更完整的說明漢語的動貌結構，也引發我們想要探究臺灣閩南語是否也具有事件動貌與觀點動貌的興趣。

就臺灣閩南語有終事件的檢測而言，我們可以使用專門指稱事件完結的結果式複合動詞，如含有「－到」（到）與「－完」（完成）〔註 20〕等補語成分的結果式複合動詞來檢測有終事件的存在。在臺灣閩南語中，含有這類結果式複合動詞的句子可以呈現情境的完結屬性，如「伊有買到彼本冊」（他買到了那本書）。在這類句子中，專門指稱事件完結的結果式複合動詞也可以搭配指稱時段的詞語來呈現情境的持續屬性，如「伊用三年寫完彼本冊」（他花了三年寫完那本書）。此外，當專門指稱事件完結的結果式複合動詞出現在具有完成動貌的句子中時，通常也涵蘊著另一個具有未完成動貌句子的存在，如「伊昨有讀完彼本小說」（他昨天讀完了那本小說）涵蘊著「伊昨在讀彼本小說」（他昨天在讀那本小說）的存在。上述的檢測顯示，臺灣閩南語也具有有終事件，因而與現代漢語相同。就臺灣閩南語是否也具有事件動貌與觀點動貌而言，我們仍然可以使用專門指稱事件完結的結果式複合動詞來加以檢測。我們發現，專門指稱事件完結的結果式複合動詞在臺灣閩南語亦具有轉換事件動貌的功能，如「我有找彼粒錶仔」（我找了那支手錶）表達的是一個無終事件，但是當動詞更換爲轉換爲專門指稱事件完結的結果式複合動詞時，該無終事件就轉換爲有終事件，如「我有找到彼粒錶仔」（我找到了那支手錶）〔註 21〕。此外，專門指稱事件完結的結果式複合動詞在句子中也能表

〔註 19〕 誠如我們先前已陳述的看法，Smith（1990）所稱的「event types」其範圍不夠寬廣，這種稱法只能涵蓋有終事件、無終事件與瞬成事件，而不能涵蓋狀態，因此我們認爲用「situation」來代替「event」較爲合適。

〔註 20〕 「完」的讀音爲 uan5。

〔註 21〕 按照 Smith（1990）的看法，現代漢語「我找到了手錶」這類含有專門指稱事件完結的結果式複合動詞的句子其表達的是一個瞬成事件，但我們認爲既然這類的句子呈現出有終事件的三種屬性，就應該將其視爲有終事件，因此我們將臺灣閩南語中相對應的「我找到彼粒錶仔」（我找到了那支手錶）這類的句子視爲表達有終事件。

達完成觀點的動貌，如「我找到彼粒錶仔」（我找到那支手錶）同時也表示「我找某支手錶」這整個事件的完成。上述的檢測顯示，臺灣閩南語與現代漢語一樣也同時具有事件動貌與觀點動貌。

在情境類型研究的基礎上，Smith & Erbaugh（2001, 2005）與 Smith（2006）發現動貌訊息在現代漢語的時間詮釋中扮演關鍵角色，並且動貌訊息可以與語用原則相互作用來產生時制的詮釋。由於情境類型是動貌訊息的重要組成成分，而情境的時間歷程又是情境類型的一部分，因此情境的時間歷程與時制的詮釋有著間接的聯繫。在此基礎上，本論文可以藉由研究臺灣閩南語情境的時間歷程來了解該時間歷程在時制的詮釋上扮演何種角色。Smith & Erbaugh（2001, 2005）與 Smith（2006）也提到現代漢語的時制意義須使用 Reichenbach（1947）所提的三種時間，即 SitT、RT 與 SpT，來表示。我們認為臺灣閩南語在時制的詮釋上也需要使用這三種時間參照點。舉例而言，「伊三年前去過美國」（他三年前去了美國／他三年前就已去過美國）的歧義可以用 SitT、RT 與 SpT 來說明。第一種意義肇因於「去美國」所在的 SitT 與「三年前」所在的 RT 相同，並且都先於說話時間所在的 SpT，至於第二種意義則是肇因於 SitT 先於 RT，而 RT 又先於 SpT。Smith & Erbaugh（2001, 2005）與 Smith（2006）在無時制語言的時間詮釋研究上有極大的貢獻，她們的研究揭示出動貌訊息與語用原則之間的相互作用。

在與動貌或時態相關的研究上，鄭良偉（1997）發現臺灣閩南語在語法上標示時態而不標示時制，顯示臺灣閩南語也是一種無時制語言，並且動貌訊息可以產生時制的詮釋，因而在臺灣閩南語的時間表達中佔有重要的地位，這也從另一個角度驗證了 Smith & Erbaugh（2001, 2005）與 Smith（2006）等人的看法。此外，鄭良偉（1997）也發現臺灣閩南語只標示未實現時態而不標示實現時態，反映出二者在臺灣閩南語中的地位並不相同。鄭良偉（1997）讓我們知道時態系統在臺灣閩南語中具有關鍵的地位，顯示本論文所研究的議題在臺灣閩南語中或無時制語言中具有重要性。此外，鄭良偉（1997）與 Smith & Erbaugh（2001, 2005）和 Smith（2006）等人一樣聚焦於時間的表達，凸顯在數量已經不多的臺灣閩南語時間研究中，時間概念化的研究更為缺乏。時間概念化研究聚焦於探討時間概念的結構與形成時間概念的認知過程，其研究成果可以解釋用以表達時間的語法現象，因此一樣具有重要性。

　　Tai（1985）創新的使用 PTS 與 PTSC 等二條原則來說明現代漢語如何藉由詞序來肖像性的表達時間概念結構，如時間概念的先後順序、範圍大小與預設和焦點等，這不但顯示詞序具有認知上的動機，也代表高肖像性語言的詞序可作為窺探其時間概念結構的窗口。此外，這也顯現在時間的表達上，詞序對高肖像性語言具有重要性。除了現代漢語之外，臺灣閩南語亦是一種具高度肖像性的語言（鄭良偉 1997），這代表臺灣閩南語的詞序也可能反映著時間的概念結構，顯示臺灣閩南語時間起點的概念化研究也應將詞序對時間語意的影響納入考量。

第三章　理論架構

　　本文的核心議題是探討臺灣閩南語時間起點的概念化，因此概念化理論是本論文所採取的主要研究視角。概念化理論涵蓋對多種認知機制的闡釋，這些認知機制在認知概念的產生過程中扮演重要的角色。在 Croft and Cruse（2004）的基礎上，我們將在本章分節敘述與時間概念相關的認知機制，以作為本論文探討時間歷程概念化的理論基礎。

3.1　概念化理論綜述

　　根據認知語法對概念化的定義（Langacker 1987, 1990, 1999, 2001, 2002；Evans & Green 2006；李福印 2008），概念化可被視為是形成概念的認知活動，其等同於意義。這個定義有二個意涵：首先，由於語法受到語意的制約，因此語意等同於概念化代表語法也是一種概念化。在此基礎上，語法結構反映著概念結構，二者間存在著非任意的介面關係並依賴某些概念化原則來相互聯繫。換句話說，語法結構可作為窺探概念化歷程的窗口。其次，概念化的動態性會反映在語意上，進而使語意也具有動態性。這裡所謂的動態性是指語意受到概念主體，即人類，其識解運作方式的制約（Croft and Cruse 2004）。具體而言，概念主體對同一客觀情境的識解方式不同，其所形成的語意就有所不同。換句話說，語意是一種不斷變動而非固定的概念，語意的形成取決於概念主體對概念內容的識解運作方式。

　　Croft and Cruse（2004）進一步指出，概念化等同於識解運作。這種看法更聚焦於概念形成所依賴的認知機制。他們認為語意所涉及的識解運作可區分

成四種類型，分別爲注意／顯著性（Attention／Salience）、判斷／比較（Judgment／Comparison）、視角／立場（Perspective／Situatedness）與構造／完形（Constitution／Gestalt）。所謂的注意／顯著性是指控制注意力焦點的認知能力，如凸顯（profiling）、換喻（metonymy）、順序掃描（sequential scanning）與總體掃描（summary scanning）等認知能力。判斷／比較是指涉及二個實體之間比較的基本認知操作，如範疇化（categorization）與隱喻（metaphor）等認知能力。視角／立場是指概念主體觀察事物時所採取的角度，如主觀化（subjectivity）與客觀化（objectivity）的區別即涉及此種認知能力。構造／完形則是指形成實體結構或完形經驗的認知能力，如意象圖式（image schema）的形成大都涉及此種認知能力。藉由上述的概念化機制，我們得以產生語言所指稱的概念而形成語意。Croft and Cruse（2004）所提出的四種識解運作類型與其主要的成員可以用下表來表示（Croft and Cruse 2004：46）：

表 3.1 語言所涉及的識解運作類型及其成員

I. 注意／顯著性 （Attention／Salience）	II. 判斷／比較 （Judgment／Comparison）	III. 視角／立場 （Perspective／Situatedness）	IV. 構造／完形 （Constitution／Gestalt）
A. 選擇（Selection） 1. 凸顯（Profiling） 2. 換喻（Metonymy） B. 範域（Scope） 1. 斷定範域 　（Scope of predication） 2. 搜尋領域 　（Search domains） 3. 可接近性（Accessibility） C. 量級調整 　（Scalar adjustment） 1. 量化調整（Quantitative 　（abstraction）） 2. 質化調整（Qualitative 　（schematization）） D. 動態（Dynamic） 1. 虛擬運動 　（Fictive motion） 2. 總體掃描／順序掃描 　（Summary／Sequential 　scanning）	A. 範疇化 　（Categorization） B. 隱喻（Metaphor） C. 前景／背景 　（Figure／ground）	A. 觀點 　（Viewpoint） 1. 優勢觀點 　（Vantage point） 2. 導向 　（Orientation） B. 指示（Deixis） 1. 時空指示 　（Spatiotemporal） 2. 認知指示 　（Epistemic） 3. 同理指示 　（Empathy） C.主觀化／客觀化 　（Subjectivity／ 　Objectivity）	A. 結構圖式化 　（Structural 　schematization） 1. 個別化 　（Individuation） 2. 拓樸 　（Topological） 3. 量級（Scale） B. 力動態 　（Force dynamics） C. 關係性 　（Relationality）

此外，針對概念化與語法之間的關係，Tai（2002, 2005, 2007）認為語法現象是概念系統概念化後的結果，並且不同的語言具有不同的概念化原則。再者，由於概念系統會受到集體文化經驗的影響，因此受到概念結構制約的語法系統也會間接的受到集體文化經驗的影響。在此基礎上，Tai（2005, 2007）修正了 Jackendoff（1990）對概念結構與語法結構相互關係的看法，體現了二者之間的非任意性，如下圖所示（Tai 2005：558）：

圖 3.1　概念結構的詞彙化與句法化

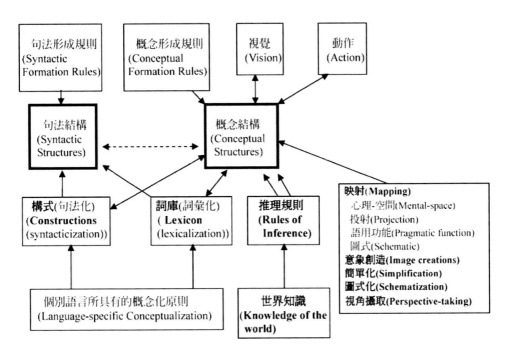

從圖 3.1 可以有幾個發現：首先，語言背後的概念化涉及二種類型的機制，即普遍性的概念化機制，如簡單化（Simplification）、圖式化（Schematization）與視角攝取（Perspective-taking）等與個別語言所具有的概念化原則（Language-specific Conceptualization），如漢語所具有的「名詞不可數」、「主事者非預設值」、「時間順序原則」、「動作－結果」與「整體－部分」等。其中，普遍性的概念化機制相當於 Croft and Cruse （2004）所述的識解運作，而個別語言所具有的概念化原則則是個別語言用來將概念結構映射至語法結構所需的認知機制，由於個別語言的不同概念化原則乃是肇因於不同的集體文化經驗，因此語法結構亦受到該經驗的影響而具有體驗性。

其次，不管是詞彙或句法結構都是概念化後的結果，而不具有獨立自主性。這體現出語法結構與概念結構間的自然聯繫，使我們得以從語法結構來窺探概念結構及概念化歷程。

在上述的理論框架之下，本論文除了探討臺灣閩南語在時間起點概念化上所涉及的普遍性機制外，亦希望能發現臺灣閩南語所個別具有的概念化原則。以下各節將分述本論文所涉及的認知語言學理論，這些理論都牽涉到某些 Croft and Cruse（2004）所述的概念化機制，這些概念化機制與臺灣閩南語時間歷程概念化之間的聯繫將是本論文所關注的焦點。

3.2 意象圖式理論

根據意象圖式理論，意象圖式是我們用以組織經驗的一種基本認知結構，這種結構具有動態性，可以用來表徵不斷重現的空間關係及運動。再者，藉由將空間經驗予以抽象化或拓樸化，意象圖式得以把空間結構映射至概念結構來產生認知中最爲基本的概念，並且透過概念隱喻的認知機制，其可以產生其他更爲抽象的概念（Johnson 1987；Lakoff 1987；Lakoff & Turner 1989；Gibbs 1994；Gibbs & Colston 1995；Clausner & Croft 1999；Oakley 2007）。以時空隱喻爲例，以空間概念爲基礎的意象圖式可充當隱喻機制中的來源域，而抽象的時間概念則充當隱喻機制中的目標域，並且藉由二者之間的映射（mapping），我們得以用一種我們可以了解的方式來建構與理解抽象的時間概念。在上述的基礎上，李福印（2008：191）曾經整理出幾種常見的意象圖式，即「包含（CONTAINMENT）」、「路徑（PATH）」、「連結（LINK）」、「部分－整體（PART-WHOLE）」、「中心－邊緣（CENTER-PEROPHERY）」與「平衡（BALANCE）」等。再者，意象圖式都可以用簡圖來呈現，以「路徑」圖式爲例，其可以用下面的簡圖來表徵由各種移動事件所抽象化而來的概念結構 （李福印 2008：190）：

圖 3.2 「路徑」圖式

A ⟶ B

圖 3.2 顯示，「路徑」圖式由一個起點（A）、終點（B）與二者之間的移動路徑所組成，其反映在語言上即形成多種句子的語意，如 *We go to university from home.*、*I'll fly from Hong Kong to Sydney.*與 *The highway links Beijing and Shanghai.*等句子所示。

　　此外，肇因於具體空間經驗的意象圖式使我們得以建構與理解更為抽象的概念，因而是我們認知世界的基礎（Talmy 1972, 1977, 1983）。意象圖式由三種元素組成，分別為「射體」（trajector／TR）、「路徑」（path）與「陸標」（landmark／LM）。其中，路徑是射體移動時的軌跡，而陸標則是射體移動時的參考座標，二者形成一種「前景－背景」的關係（figure-ground relation）。藉由這三種元素的關係型態，我們可以區分不同的概念，也可以描述同屬一個概念的不同語意。另一方面，Tyler and Evans（2003）也闡述了意象圖式的體驗性。他們指出人類的經驗受到人體的制約，而這種體驗性經驗產生了概念結構，並且由於語意結構是透過語言的約定俗成所建立的概念化結構，因此語意結構也具有體驗性。以英語中具有多義性的介詞為例，Tyler and Evans（2003）認為多義性介詞的基本意義乃是指涉空間情境（spatial scene），即空間概念結構。所謂的空間情境是一種奠基於空間－物理經驗的概念化，其涉及世界中的實體以特定及重複發生的方式相互關聯，因而具有體驗性。此外，空間情境會產生相關的非空間性結果與推理，導致空間介詞具有非空間意義。例如英語中的介詞 *in* 具有表達「包含」（containment）關係的基本意義，如 *I awoke in my bedroom.*，然而經由認知上的推理，其亦可表達非空間性的包含關係，如 *Anne Frank lived in perilous times.*。空間情境是人類認知系統對世界中重複發生的空間－物理結構所產生的抽象表徵，其包含二種成分：（一）結構成分，包含射體（TR）、陸標（LM）與二者之間的概念空間關係。（二）功能成分，指在一個特定的空間結構中，射體與陸標間的互動關係，如英語的介詞 *in* 指稱射體包含在陸標之中的互動關係，因而具有「包含」的功能成分。結構成分與功能成分基本上構成了具有完形特徵的認知結構，即意象圖式。此外，意象圖式可被視為是一種用來定義語意的基底概念結構（base）、背景框架（frame）或認知域（domain）（Fillmore 1982；Lakoff 1987；Langacker 1987；Taylor 1989），藉由「凸顯」（profile）的策略，我們可以從基底概念結構中提升某個特定實體的顯著性來產生語言形式的指涉（designation）或語意（Langacker 1987）。意象圖式在語意形成上的功能可以用下圖來加以說明（Croft & Cruse 2004：15）：

圖 3.3 「半徑」與「圓」的意象圖式

　　圖 3.3 顯示，概念「圓」充當定義概念「半徑」所需的基底概念結構，並且藉由凸顯概念「圓」的半徑部分，我們可以形成「半徑」的概念而由詞語「半徑」來指稱，此即為「半徑」其語意形成的概念化過程。

　　意象圖式的形成以及將其映射至語法結構而構成語意，都涉及到多種的識解運作。就意象圖式本身的形成而言，其主要牽涉到構造／完形類型中的「結構圖式化」的識解運作（Croft & Cruse 2004）。「結構圖式化」是指我們概念化實體及其組成成分的拓樸或幾何結構所憑藉的認知能力，其又涵蓋「個別化」（Individuation）、「拓樸或幾何圖式化」（Topological／geometric schematization）與「量級」（Scale）等三種識解運作（Herskovits 1986；Langacker 1987；Croft 1998；Talmy 2000），其中「個別化」可以使我們對客觀的事物產生有界或無界的主觀設想，「拓樸或幾何圖式化」使我們得以擷取事物的幾個顯著部分來形成抽象的概念表徵而忽略掉形狀、大小和體積等細節，而「量級」（Scale）則使我們能將一個實體設想為具有等級或程度。就意象圖式與語法結構之間的映射而言，其最常涉及到注意／顯著性類型中的「選擇」（Selection）與「動態注意」（Dynamic attention）的識解運作（Croft & Cruse 2004）。所謂的「選擇」是指將注意力放在經驗中與我們目的相關的部分而忽略掉其他部分的能力。「動態注意」則是指我們驅使注意力使其沿著情境移動的認知能力（Langacker 1987；Talmy 2000）。在「選擇」中，「凸顯」與「換喻」[註1]是最主要的二種概念化機制，其中「凸顯」使我們能將注意力放在充當基底的意象圖式中的某個部分，進而提升該部分的顯著性並投射至語法結構而形成語意。由此也可以知道，「凸顯」的認知功能亦牽涉到判斷／比較類型中的「前景－背景」（Figure-ground）的識解運作。這種認知能力使我們能藉由比較二個成分或事物間的對立性來形成不對稱的結構關係，以

────────────

〔註 1〕 由於換喻與隱喻具有高度的相關性，因此我們將把換喻放在 3.3 節與概念隱喻一起介紹。

幫助我們確認某個事物的位置（Talmy 1972, 1983, 2000）。據此，我們可以說「凸顯」可以使意象圖式的成分間產生顯著性的對立而形成「前景－背景」的關係，因而二者之間具有相關性。此外，在「動態注意」中，「虛擬運動」（Fictive motion）與「順序／總體掃描」是最主要的二種識解運作。「虛擬運動」是指從動態的角度來設想靜態情境的能力，其映射在語言上，就是使用動態的句子或詞語來形容靜態的情境，如 *The road winds through the valley and then climbs over the high mountains.*（Talmy 2000）。「總體／順序掃描」則是 Langacker（1987）所區分的二種涉及注意力的概念化機制。如同我們在本論文的 2.1.4 節所述，總體掃描將情境中的連續階段組合起來而形成一個整體來加以概念化，此種機制忽略不同階段間的狀態變化，因此不涉及設想時間（conceived time），因此又稱爲「非時間性關係」（atemporal relation）。在語言層面上，這種概念化方式所形成的概念通常由名詞、介詞或形容詞來加以指涉。順序掃描則是沿著實際時間來順序地概念化情境中的連續階段，由於此種概念化涉及對情境實際時間的設想，因此又稱爲「時間性關係」（temporal relation; processes）在語言層面上，這種概念化方式所形成的概念通常由動詞來加以指涉。

　　綜合以上所述，我們可以了解意象圖式是一種空間概念結構的心理表徵，亦是延伸其他抽象概念，如時間概念的基礎。語言多義性背後的認知成因也勢必要回溯至意象圖式所牽涉到的概念化機制。在此基礎上，由於本論文旨在探討臺灣閩南語時間歷程的概念化機制，涉及到時間意義的認知成因，因此無可避免的，我們將使用意象圖式來表徵概念化時間歷程的空間概念基礎，如此才能對臺灣閩南語時間歷程的概念化做出最根本的闡釋。

3.3　概念隱喻與概念換喻理論

　　概念隱喻與概念換喻都是概念擴展所需的二種認知機制。Taylor（1989）曾指出，隱喻與換喻使我們能夠把有所區別但卻又相關的意義聯結在一個語意範疇裡，使其共同成爲該語意範疇的成員。這顯示概念隱喻與概念換喻二者是語言多義性背後的認知成因。儘管隱喻與換喻都具有擴展語義範疇的功能，但是二者卻涉及不同的認知機制〔註2〕，以下將分節敘述概念隱喻與概念換喻的理論內容。

〔註2〕Lakoff & Johnson（1980：36）指出，隱喻最主要的認知功能是「理解」（understanding），而換喻最主要的認知功能是「指稱」（referring）。

3.3.1 概念隱喻

　　根據概念隱喻的理論，隱喻並不是一種只侷限於語言層面的修辭手段，而是一種隸屬於認知層面的概念化機制（Lakoff & Johnson 1980；Lakoff 1993）。這種概念化機制會在語言上有所反映而形成語意，使得我們得以透過語言來窺探隱喻的運作過程。隱喻是指概念系統中，藉由一個原有或具體的概念域，又稱「來源域」（source domain），來理解或建構另一個新的或抽象的概念域，又稱「目標域」（target domain），其中，二個概念域間具有結構上的相似性。就空間概念域與時間概念域二者而言，前者被視爲是充當來源域的具體的概念域，後者則被視爲是充當目標域的抽象概念域，亦即二者間具有「時間就是空間」的隱喻對映關係。這顯示空間概念在認知結構中是最基本的具體概念之一，是建構抽象時間概念的基礎。再者，隱喻一方面奠基於人類與周遭世界的互動經驗而具有體驗性（Lakoff & Johnson 1980, 1999；Lakoff 1987；Johnson 1987），另一方面遵循著「不變異原則」（The Invariance Principle）來進行跨認知域的映射（Turner 1990；Lakoff 1993）。所謂的「不變異原則」是指在隱喻映射時，來源域的意象圖式結構必須與目標域的概念結構保持一致，亦即在隱喻映射的過程中，目標域的結構不能受到改變。「不變異原則」可以用來解釋爲何來源域的某些成分無法映射至目標域。概念隱喻亦具有不同層次的圖式性（schematicity）（Lakoff & Johnson 1980；Grady 1997, 1998），呈現出概念隱喻的系統性與結構性。以概念隱喻「愛情是旅程」（LOVE IS JOURNEY）爲例，其一方面隸屬於更高層次的「有目的的人生是一種旅程」（A PURPOSEFUL LIFE IS A JOURNEY），另一方面由涵蓋較低層次的「愛情是一種汽車旅行」（LOVE IS A CAR TRIP）、「愛情是一種火車旅行」（LOVE IS A TRAIN TRIP）與 「愛情是一種海洋航行」（LOVE IS A SEA VOYAGE）等概念隱喻。此外，Lakoff & Johnson （2003）在 Lakoff & Johnson （1980）的基礎上認爲大部分的概念隱喻都具有結構性（structural）、方向性（orientational）與本體性（ontological）。結構性隱喻是指藉由二個概念結構間的映射而得以從一個概念建構出另一個概念，如「時間就是金錢（TIME IS MONEY）」就是一種結構性隱喻，英語中的 *You're wasting my time.* 與 *How do you spend your time these day?* 等句子都是這種結構性隱喻的反映。方向性隱喻是指藉由二個概念在空間方位上的相關性而得以組織整個概念系統，如「快樂是上（HAPPY IS UP）」與「多是上（MORE IS UP）」即是一種方向性隱喻，英語中的 *I'm feeling up.* 與 *My income rose last year.* 等句子分別是這二種方向性隱喻的反映。方向性隱喻通常具有身體與文化經驗的基礎，身體經驗使得此類隱喻具有普遍性，而文化經驗則使得此類隱喻具有文化或語言上的差異性。至於本體性隱喻則是指將抽象的經驗理解為具體事物的認知能力，如「心是一部機器（THE MIND IS A MACHINE）」與「心是易碎物（MIND IS A BRITTLE OBJECT）」等即是一種本體性隱喻，英語中的 *My mind just isn't operating today.* 與 *Her ego is very fragile.* 等句子分別是這二種本體性隱喻的反映。本體性隱喻奠基於我們對事物的經驗，這類的隱喻使我們能將抽象的經驗予以指涉、量化或範疇化，因此對人類的思維能力有其重要性。

　　Croft and Cruse（2004）進一步指出，概念隱喻牽涉到判斷／比較類型的識解運作。具體而言，概念隱喻藉由比較來源域與目標域之間的關係來產生二者之間的映射。例如，在「時間就是金錢」的概念隱喻中，判斷／比較的識解運作讓我們得以比較來源域概念，即「金錢」，與目標域概念，即「時間」，之間的關係，並且在二者具有相似性的關係上，將來源域映射至目標域。在此基礎上，由於本論文乃是在探討臺灣閩南語時間歷程的概念化，並且該概念化涉及空間認知域與時間認知域之間的概念擴展，因此概念隱喻理論對於本論文所處理的議題具有解釋上的重要性。

3.3.2 概念換喻

　　換喻是語意擴展所憑藉的另一種認知能力並且比隱喻更為基本與普遍（Koch 1999；Taylor 2002）。所謂的換喻是指在同一個認知域或認知矩陣（domain matrix）〔註3〕中，藉由一個概念來指稱或理解另一個概念，其中，二個概念間具有某些層面的相關性或鄰近性，如部份與全體的相關性（Lakoff & Turner 1989；Lakoff & Johnson 1980, 2003；Croft 1993 ）。Lakoff & Johnson（1980：38）曾根據二個概念間的關係類型提出一些常見的換喻類別，如下列所示：

（1）語言中常見的換喻類型

　A. 部分代整體

〔註3〕認知域矩陣是指一組用以形成某個特定概念的認知域，其同時由多個認知域所組成，並且該特定概念同時涉及認知域矩陣中各個認知域裡的某些概念（Langacker 1987；Croft & Cruse 2004）。

Get *your butt* over there.

We don't hire *longhair*.

B. 生產者代產品

He bought a *Ford*.

He's got a *Picasso* in his den.

C. 物體代使用者

We need a better *glove* at third base.

The *buses* are on strike.

D. 操縱者代被操縱對象

Nixon bombed Hanoi.

Napoleon lost at Waterloo.

E. 機構代該機構的負責人

You'll never get the *university* to agree to that.

I don't approve of the *government's* actions.

F. 地方代位於該地的機構

The *White House* isn't saying anything.

Wall Street is in a panic.

G. 地方代發生於該地的事件

Let's not let Thailand become another *Vietnam*.

Watergate changed our politics.

　　在上述的基礎上，Lakoff & Johnson（1980）認為換喻同時具有指稱與理解的功能，即借用一個概念來指稱或理解另一個相關概念的功能。這些功能的產生乃是肇因於我們具有將注意力聚焦於某個概念的特定面向或成分的認知能力。由於這樣的認知能力具有身體的經驗基礎，因此換喻具有文化性與系統性，前者使得換喻具有文化上的普遍性或特異性，後者則使得換喻在語言中具有組織性或結構性而不只是任意發生的孤立現象。

　　換喻涉及到注意／顯著性類型的識解運作（Langacker 1991；Nunberg 1995；Croft & Cruse 2004）。這種識解運作使得說話者得以在一個認知域或認知域矩陣中選擇另一個凸顯的概念來代替詞語原來指稱的概念，只是二者之間必須具備關聯性。換喻涉及的概念關聯性有二種類型，即內部的關聯（intrinsic associations）與外部的關聯（extrinsic associations）。前者指涉及換

喻的二個概念間具有固有或永久的連繫，如「部分代整體」與「個體代類別」的換喻類型即是屬於這種類型；後者則指涉及換喻的二個概念間只具有非固有或非永久性的連繫，如「生產者代產品」與「物體代使用者」的換喻類型即是屬於這種類型。此外，從另一個角度而言，換喻亦牽涉到「認知參照點」（cognitive reference point）的認知能力（Langacker 1993）。所謂的「認知參照點」是指藉由激活一個凸顯的概念來與另一個鄰近概念建立心理接觸的認知機制。在此機制中，被用來激活另一個鄰近概念的凸顯概念具有認知參照點的功能，可以協助我們尋找另一個鄰近但顯著性較低的概念，例如在「部分代整體」的換喻中，「部分」的顯著度高於「整體」，因而充當認知參照點的角色，我們能夠藉由此參照點來與「整體」建立心理上聯繫。

綜合言之，換喻是語意擴展或語法化背後重要的認知成因，對發生於同一個認知域內部的概念擴展具有重要的解釋作用，因此有助於本論文處理空間域與時間域內部的概念擴展議題，其重要性不言可喻。

3.4 語法化理論

綜合 Heine, Claudi and Hunnemeyer（1991）、Hopper（1991）、Hopper and Traugott（1993）與 Bybee（2002）對語法化的定義，語法化是指一個詞項或詞項序列經由意義漂白（bleaching）、泛化（generalizing）或抽象化（abstraction）而變成一個語法詞素（grammatical morpheme）的過程。再者，語法化一般被認為遵循下列幾項具語言普遍性的原則：（一）層次性（Layering）：在語法化的過程中，詞項的新舊形式可以同時並存。（二）分歧性（Divergence）：一個詞項經歷語法化時，原始的詞項仍可以保持獨立自主性並經歷其他類型的語法化歷程。（三）特殊化（Specialization）：在語法化的過程中，同屬於一個功能領域的形式變體數量會變少，因而造成餘留下來的形式其意義的泛化，並且使得這些形式的使用率增加。（四）滯留性（Persistence）：在詞項語法化為語法形式的過程中，該語法形式的意義與語法功能會受到其原始詞項的制約。（五）去範疇化（De-categorization）：在語法化的過程中，名詞與動詞會喪失其範疇性，造成其所屬範疇的轉移。（六）語音縮減（phonetical reducing）：在語法化的過程中，詞或詞組會產生語音結構的衰減，以因應使用頻率的增加。（七）單方向性（unidirectionality）：語法化演變具有單方向性，因此可以

預測其可能的演變。此外，在產生語法化的機制方面，Heine, Claudi and Hunnemeyer（1991）與 Hopper and Traugott（1993）認為除了重新分析（reanalysis）與類推（analogy）這二種一般性的機制外，語法化的背後涉及到一種藉由具體概念來建構或了解抽象概念的認知機制，即上節所論述的概念隱喻。概念隱喻使得一個詞項指稱的意義或概念得以抽象化，因而產生語法化的現象。舉例而言，「時間就是空間」的概念隱喻使得原本指稱空間概念的詞語產生語法化，因而造成該詞語也能兼指較為抽象的時間概念。

除了概念隱喻外，語法化還牽涉到另一個重要的認知能力，即隸屬於視角／立場類型的「主觀性」識解運作。所謂的「主觀性」是指說話者如何概念化一個包含自己的情境的認知能力（Langacker 1987；Croft & Cruse 2004）。「主觀性」包含「主觀化」與「客觀化」等二種相對的識解運作。相對於「主觀化」是指說話者概念化一個排除自己的情境的認知能力，「客觀化」則是指說話者概念化一個包含自己的情境的認知能力。舉例而言，當一位母親要對孩子表達不可以說謊的訊息時，她可以使用「不要騙我！」或「不要騙你的媽媽！」等二個句子，其中前者是一個主觀化的句子，而後者則是一個客觀化的句子。當主觀化發生時，說話者或概念主體只把注意力放在被觀察的實體之上，而將自己排除在觀察的焦點區域（onstage region）之外，亦即概念主體本身並非被概念化的對象，而只是主觀意識的產生者（Langacker 2000）。換句話說，在主觀化發生時，只有被觀察的實體受到客觀的概念化，而概念主體則受到主觀的概念化。在此基礎上，Langacker（2000）站在共時及對實體識解的角度，認為主觀化就是一種對實體的識解由相對客觀變為相對主觀的過程。這種主觀化的過程是漸進的，並且在語言中有所反映，如下面的例子所示（Langacker 1999；李福印 2008）：

（2）a. The child hurried across the street.

b. There is a mailbox across the street.

c. An earthquake will happen across the city.

在（2a）的例子中，介詞 across 指稱射體 child 與陸標 street 之間的運動關係。這種關係在空間中實際的存在，並且說話者對此客觀存在的運動進行順序掃描的概念化，進而形成語意。由於這種概念化是以客觀存在的實體為對象，而非產生於主觀的識解，因此（2a）是一個客觀化的句子。在（2b）中，射體 mailbox 與陸標 street 之間的運動關係在空間中並沒有實際的存在，

而是說話者在認知上主觀地對其進行順序掃描的結果。雖然這種概念化具有較高的主觀性，但是由於順序掃描的終點與客觀存在的 *mailbox* 一致，因此這種概念化仍具有一些客觀性。據此，我們可以說（2b）是介於客觀化與主觀化之間的句子。至於在（2c）中，射體 *earthquake* 與陸標 *city* 之間的運動關係不但在空間中沒有實際的存在，而且也沒有發生的可能。說話者對這種關係所進行的順序掃描是純粹主觀而沒有客觀基礎的，因此（2c）是一個完全主觀化的句子。

　　（2a）至（2c）的句子所呈現的其實就是一種語法化的過程，而這種過程可以從主觀化的角度來加以說明。主觀化使得對實體識解的客觀性減弱，造成概念的抽象化，反映在語言上就形成語法化的現象。主觀化與語法化的關係可以用下面的例子來加以說明（Langacker 2000；李福印 2008）：

　　（3）Sam is going to mail the letter.

　　（3）是一個歧義的句子，其有二種解讀：「Sam 正前往寄信」與「Sam 將要寄信」。這二種解讀乃是肇因於 *be going to* 的語法化，而其語法化又是主觀化所造成的結果。就第一種解讀而言，*be going to* 指稱射體 *Sam* 實際在空間中移動至某個地點去進行 *to mail the letter* 所指稱的動作。此處的運動是一種客觀的實際存在，受到純粹客觀的識解，因而表達的是一種完全客觀化的概念化。就第二種解讀而言，*be going to* 並不一定指稱射體 *Sam* 在空間中移動至某個地點去進行 *to mail the letter* 所指稱的動作，其所指稱的運動是概念主體在主觀意識中進行順序掃描的結果。此處的運動並沒有客觀的存在，而是受到主觀識解的結果，因而表達的是一種主觀化的概念化。由於 *to mail the letter* 所指稱的動作必須發生在主觀心理掃描之後，因此該動作具有目的性與未來性，此種推理使得 *be going to* 具有標誌未來時制的語法功能。由此可知，概念主體對 *be going to* 所指稱概念的主觀化一方面使得其指稱的概念進一步的抽象化，另一方面也造成該概念由空間認知域擴展至時間認知域〔註4〕。

　　由上述可知，語法化現象可被視為是概念化歷程在語言層面的表徵。換句話說，我們可以透過語法化的現象來探知語言背後的概念化歷程，反之也

〔註4〕除了認知角度的主觀化理論外，尚有其他的學者以語意角度來看待主觀化（Traugott 1989, 1995）。語意角度的主觀化理論認為主觀化是語意的主觀意義增加，客觀意義減少，此種現象乃是肇因於說話者對命題內容存在著逐漸增多的主觀信念或態度。

可以從概念化的角度來解釋語法化現象。在此基礎上，本文將藉由涉及時間起點介詞的語法化現象來建構出臺灣閩南語時間起點的概念化歷程。就臺灣閩南語而言，其時間起點介詞通常具有多義性，因此在前面所述的基礎上，我們認為這些多義性的產生可以從語法化的角度來加以說明，並且語法化的背後必將牽涉到動態注意、概念隱喻、概念換喻或主觀化等概念化機制。

3.5 小　結

　　在本章中，我們在概念化理論的架構下論述了概念結構與語法結構的相互關係與幾種主要的認知語言學理論及其所涉及的概念化機制。這些理論包括意象圖式理論、概念隱喻理論、概念換喻理論與語法化理論等，而其涉及到的概念化機制則包括構造／完形類型中的「結構圖式化」（包含「個別化」、「量級」與「拓樸或幾何圖式化」）、注意／顯著性類型中的「選擇」（包含「凸顯」與「換喻」）及「動態注意」（包含「虛擬運動」與「順序／總體掃描」）、判斷／比較類型中的「前景－背景」及「隱喻」與視角／立場類型的「主觀性」及「認知參照點」等。上述的這些認知語言學理論及其所涉及的概念化機制都與本論文所欲處理的議題密切相關，我們必須仰賴本章所論述到的相關理論才能找出臺灣閩南語在概念化時間起點時所憑藉的認知機制。綜合言之，我們將以上述的這些認知語言學理論與概念化機制為基礎，藉以窺探臺灣閩南語以空間概念為基礎進而概念化時間起點的認知過程。

第四章　時間起點的概念結構

　　時間起點的概念結構是其概念化歷程的產物，只有先了解此概念結構才能進一步回溯時間起點形成的根源及其概念化歷程。然而值得注意的，在臺灣閩南語中時間起點與多個介詞形式具有映射關係，使得這些介詞問具有語意的相似性。在此前提下，要了解臺灣閩南語中時間起點的概念結構就必須同時分析這些介詞在語意上的相同性與相異性，如此才能歸納出時間起點的概念結構。本章將在此基礎上一方面探討臺灣閩南語中時間起點與介詞的映射關係，另一方面探究時間起點在臺灣閩南語中的概念結構及語意變化。

4.1 時間起點在臺灣閩南語中的語法映射

4.1.1 時間起點與介詞的映射型態

　　時間起點在臺灣閩南語中可以與介詞來進行映射，亦即臺灣閩南語可以用介詞來標示時間起點。然而，臺灣閩南語中的介詞與時間起點間並非是一對一的映射關係，而是多對一的關係。具體而言，臺灣閩南語主要以「對」、「按」、「自」與「從」等介詞作為基礎形式來引介時間起點的概念結構，其中「對」又有 *ui3* 與 *tui3* 二種語音形式，而「從」也有白讀的 *tsing5* 與文讀的 *tsiong5* 等二種語音形式。此外，「自」與文讀的「從」也可以進一步組合成並列式複合詞，即「自從」來引介時間起點〔註1〕。上述這些語法形式的時間起

〔註1〕由於「自從」在共時與歷時的語料中都只具有時間語意而缺乏空間語意，因

點用法如下面的例子所示：

（1）a. 伊 <u>對（ui3）</u> 早起 飲 到 暗時（TA）

　　　 他　FROM　早上 喝 到 晚上

　　　「他從早上喝到晚上」

　　 b. <u>對（tui3）</u> 這時　我　愛　做 祢 所 歡喜 的 囝兒（TA）

　　　 FROM　　這個時候 我 必須要 做 祢 所 喜歡 的 兒子

　　　「從這個時候我必須要做祢所喜歡的兒子」

（2）<u>按</u>　　七月 等 到 今，伊 攏　無　來（AU）

　　 FROM　七月 等 到 現在 她 都 沒有 來

　　「從七月等到現在，她都沒有來」

（3）<u>自</u>　　彼擺 了後，我 就 盡量 避免 甲 伊 鬥陣 （AU）

　　 FROM　那次 以後 我 就 盡量 避免 和 他　在一起

　　「自那次以後，我就盡量避免和他在一起」

（4）a. 阮 <u>從（tsing5）</u>舊年 就 無　來往 （YA）

　　　 我們 FROM　　去年 就 沒有　來往

　　　「我們從去年就沒有來往」

　　 b. <u>從（tsiong5）</u> 此　以後 五十外 多，我 毋捌 摸過 釣竿（TA）

　　　 　FROM　　此時 以後 五十多 年 我 不曾 摸過 釣竿

　　　「從此以後五十多年，我不曾摸過釣竿」

（5）<u>自從</u> 921 地動 以後，我 的 世界 甲 眞濟 災民 攏 同款（TA）

　　 FROM 921 地震 以後，我 的 世界 和 很多 災民 都 一樣

　　「自從 921 地震以後，我的世界和很多災民都一樣」

　　雖然「對（ui3）」、「對（tui3）」、「按」、「自」、「從（tsing5）」與「從（tsong5）」都引介情境的時間起點，但是具文讀語音形式的「從（tsiong5）」其出現的語境卻受到很大的限制。具體而言，「從（tsiong5）」只能出現在「從此（以後）」與「從今以後」等二種固定的語法結構之中，如下面的例子所示：

此我們只能透過「自」與「從」的概念化歷程來推知「自從」如何形成時間語意，在此基礎上，本文不擬將「自從」列為主要的研究對象。

（6）a. <u>從　　此</u> 以後，伊 腹肚 若　枵 的 時，一工 大約 轉來 兩擺（TA）

　　　 FROM 此時 以後 他 肚子如果 餓 的 時候一天 大約 回來 兩次

　　　 「從此以後，他肚子如果餓的時候，一天大約回來兩次」

　　b. <u>從　　今　　以後</u>，伊 嘛　袂　擱再 來 矣（TA）

　　　 FROM 今天　 以後 她 也 不會　再　來 了

　　　 「從今以後，她也不會再來了」

　　（5）與（6）的例子顯示，「從（tsiong5）」無法單獨引介時間起點，而「對（ui3）」、「對（tui3）」、「按」、「自」與具有白讀語音形式的「從（tsing5）」卻無此限制，顯示「從（tsiong5）」在搭配賓語的自由度上低於其他時間起點介詞。

4.1.2 時間起點介詞與賓語的共現型態

　　相較於介詞能夠映射時間起點的概念結構，充當介詞賓語的時間詞語則可以用來映射時間起點的概念內容。換句話說，一個具體的時間起點概念必須藉著由介詞與其賓語所組成的介詞組來指涉。擔任介詞賓語的時間詞語可根據其語意區分出三大類型：（一）非時間關係賓語：指涉不須以說話時間（speech time; SpT）為參照點的時點或時段〔註2〕，如「正月」（農曆一月）、「年頭」（年初）、「細漢」（小時候）、「三工」（三天）與「彼擺」（那次）等時間詞；（二）時間關係賓語：指稱須以說話時間為參照點的時點或時段，如「今仔」（現在）、「舊年」（去年）、「明仔載」（明天）與「頂擺」（上次）等時間詞；（三）事件賓語：指涉由某個事件強制解讀（coercion）而來的時點或時段，並且經強制解讀而來的時點或時段通常亦為該事件發生的時間，如「自阮尪死了後，伊就罕得來阮厝矣」（從我丈夫死了以後，他就很少來我家了）中的「阮尪死」即是此類型的介詞賓語。「阮尪死」經介詞「自」的強制解讀後，產生了時間起點的語意，並且該時間起點與「阮尪死」此一事件發生的時間點一致。此外，在形式上，第一種與第二種類型通常由詞彙或詞組來指涉，至於第三種類型則通常由一個詞組或子句來表達。

〔註2〕根據鄧守信（1985，頁10），時間過程中的起點（inception）、終點（termination）或過程中的任何一點，即分點（subinterval），此三者統稱為時點（point）。此外，起點與終點之間的過程稱為時段（period）。

　　雖然語料或母語使用者的語感顯示臺灣閩南語的時間起點介詞大都可以搭配上述三大類型的賓語，然而語料的量化統計卻顯示這些介詞在與其賓語類型的共現上呈現出某些不同的型態。為了比較時間起點介詞與其賓語類型在共現上的型態差異，我們以楊允言的「台語文語詞檢索」語料庫作為主要的檢索對象，進行時間起點介詞與其賓語類型在共現型態上的量化統計，統計的結果如下表所示：

表 4.1　時間起點介詞與賓語類型的共現型態

賓語類型　數量（比率）　　　起點介詞	非時間關係賓語	時間關係賓語	事件賓語	賓　語總數量
對（ui3）	21（72.4%）	7（24.1%）	1（3.5%）	29
對（tui3）	23（67.7%）	8（23.5%）	3（8.8%）	34
按	5（100%）	0（0%）	0（0%）	5
自	51（49.1%）	12（11.5%）	41（39.4%）	104
從（tsing5）〔註3〕	21（53.8%）	4（10.3%）	14（35.9%）	39〔註4〕
從（tsiong5）	10（38.5%）	16（61.5%）	0（0%）	26

　　從表 4.1 可以有幾點發現：首先，除了「從（tsiong5）」以外，其他時間起點介詞搭配非時間關係賓語的頻率都高於時間關係賓語。其次，除了「自」與「從（tsing5）」之外，其他的時間起點介詞搭配時間關係賓語的頻率都高於事件賓語。最後，「自」與「從（tsing5）」搭配事件賓語的頻率遠高於或近於其他的時間起點介詞。由於事件賓語所指稱的事件必須藉由時間起點介詞的強制解讀才能形成時點或時段的語意，因此「自」與「從（tsing5）」其在與賓語類型共現上的特殊性，顯示二者在所有的時間起點介詞中具有較高的強制解讀能力，其中「自」的強制解讀能力還遠高於「從（tsing5）」。

〔註3〕　在「台語文語詞檢索」語料庫中，白讀形式的「從」其讀音大都被標示為 tsing7，本文則依照教育部《臺灣閩南語常用詞詞典》的標示，將「從」的讀音標示為 tsing5。

〔註4〕　「從（tsing5）」可以在不搭配賓語的情況下與「到今」（到現在）組成一個詞組結構，即「從（tsing5）到今」（從以前到現在）來指稱位於過去與現在之間的時段，其中「今」（現在）的讀音為 tann1。

從所搭配賓語類型的傾向也可看出「自從」與「自」和「從（tsiong5）」在概念化時間起點上的關係。「自從」、「自」和「從（tsiong5）」其與賓語類型的共現型態比較可以用下表來呈現：

表 4.2 「自從」、「自」、「從（tsiong5）」與賓語類型的共現型態

賓語類型 數量 （比率） 起點介詞	非時間關係賓語	時間關係賓語	事件賓語	賓　語 總數量
自從	0（0%）	6（10.3%）	52（89.7%）	58
自	51（49.1%）	12（11.5%）	41（39.4%）	104
從（tsiong5）	10（38.5%）	16（61.5%）	0（0%）	26

從上表可以發現，「自從」在與事件賓語共現的傾向上較接近於「自」而與「從（tsiong5）」呈現相反的傾向。在強制解讀的基礎上，我們可以說，「自從」與「自」一樣都具有較高的強制解讀能力，甚至其強制解讀能力還遠高於「自」。

此外，楊秀芳（1991）曾指出白讀的「從（tsing5）」只能引介位於過去的時間起點。如果從賓語所指稱概念與說話時間的關係來看，我們可以發現相較於「對（ui3）」、「對（tui3）」、「按」、「自」與「從（tsiong5）」都可以搭配賓語來指稱位於過去、現在或未來的時間起點，白讀的「從（tsing5）」卻只能搭配賓語來指稱位於過去的時間起點，因而與楊秀芳（1991）的觀察一致，如下面的例子所示：

（7）a. 從（tsing5）　頂禮拜　開始　我　就　無閒（AU）

　　　　FROM　　　上禮拜　開始　我　就　沒空

　　　「從上禮拜開始我就沒空」

　　b. *從（tsing5）　　今仔日／明仔載　開始　我　就　無閒〔註5〕（YA）

　　　　FROM　　　今天　／明天　開始　我　就　沒空

　　　「從今天／明天開始我就沒空」

再者，「從（tsing5）」有時也會與「到今」（到現在）組成一個固定的語

〔註5〕（7b）的例子來自於楊秀芳（1991）。

法結構來指稱位於過去的時段，如下面的例子所示：

（8）a. 伊 <u>從（tsing5）</u> 舊年 到今 攏 無 頭路（ED）

　　　 他　 FROM　　 去年 到現在 都 沒有 工作

　　　 「他從去年到現在都沒工作」

　　 b. 我 <u>從（tsing5）　 到今</u> 也 袂講 想欲 去 別位（TA）

　　　 我　 FROM　　　 到現在 也 不會 想要 去 別處

　　　 「我從以前到現在也不會想要去別的地方」

　　在（8）中，「從舊年到今」與「從到今」都指稱過去的時段，其中（8b）中的「從到今」雖然缺乏時間起點介詞賓語，但是其只能指稱過去某個時間起點至現在之間的時段，並且該時間起點通常必須藉由語境中的訊息來加以指明。臺灣閩南語以「從（tsing5）」來專門引介過去時間起點的現象，一方面顯示「**過去**」在臺灣閩南語中具有特殊的地位而與「**非過去**」呈現出不對稱的現象，因而呼應了 Clark（1973）、Smith & Erbaugh（2005）與 Smith（2006）的看法，另一方面臺灣閩南語在語法上使用特定的介詞來標示「**過去**」，這可以讓我們反思臺灣閩南語是否真得如同鄭良偉（1997）所言的是一種區分時態而非時制的語言。

　　值得一提的，雖然「從（tsiong5）」與「從（tsing5）」具有相同的書面形式與相近的語音形式，「從（tsiong5）」卻可以引介非過去的時間起點而與「從（tsing5）」不同，儘管「從（tsiong5）」所能搭配的賓語受到很大的限制。例如，「從（tsiong5）」也能與指稱現在的賓語「今」（今天／現在）組成「從今以後」的詞組來表達時間概念，顯示「從（tsiong5）」並不侷限於指稱過去的時間起點，而「從（tsing5）」卻沒有類似的語法現象，這也呈現出「從（tsing5）」在指稱時間起點概念上的特異性。

　　從時間起點介詞與賓語的共現也可以看出時間起點介詞在臺灣閩南語時間表達中的作用。根據本文第二章所述，臺灣閩南語與現代漢語一樣都是一種無時制語言（Smith & Erbaugh 2001, 2005；Smith 2006；鄭良偉 1997）。根據 Smith & Erbaugh（2001），現代漢語可以根據「普遍性時間詮釋指示型態」此一語用原則，從動貌訊息與說話時間的互動來產生時制的詮釋。上述的語用原則重複如下：

現代漢語的「普遍性時間詮釋指示型態」：

A. 無界情境總是位於說話時間，並且由含有動貌標誌「在」／「－著」的子句〔註 6〕、含有狀態動詞群集的子句或表示習慣或普遍性的子句來表達。

B. 有界情境總是位於說話時間之前，並且由含有動貌標誌「－了」／「－過」、結果式複合動詞或事件動詞群集的子句來表達。

C. 其他較爲明確的時間訊息可以推翻 A 與 B，並且這些訊息通常由子句中的情態助動詞、狀語與時間導向的動詞來表達。

在上述的基礎上，雖然原則 A 與原則 B 在臺灣閩南語中的運作方式有待更進一步的研究，但是原則 C 在時間起點介詞的時制詮釋上卻有所作用。具體而言，時間起點介詞與其賓語所組成的狀語可以指稱明確的時制訊息，亦即時間起點介詞可以藉由其賓語所指稱的概念來界定 SiT／RT 與 SpT 之間的關係〔註 7〕，因而具有表達時制（tense）的功能〔註 8〕，也因此去除了藉由情境的有界性來詮釋時制的必要性。此外，時間起點介詞與其賓語通常只能出現在指稱情境類型的述語核心之前來標示時間起點，可見其也遵循著「時間順序原則」的詞序原則來表達時間概念，因而呈現出肖像性（Tai 1985）。

4.2 時間起點與情境類型的共現型態

4.2.1 時間起點與情境類型的共現分布

時間起點是情境的一個組成成分，因此必須以情境爲基底結構才能凸顯時間起點概念。根據先前的論述，情境可以根據其內部的時間結構區分爲有終事件（telic event）、無終事件（atelic event）、狀態變化事件（change-of-state）

〔註 6〕Smith & Erbaugh（2001）認爲現代漢語的「在」、「－著」、「－了」與「－過」爲動貌標誌，至於臺灣閩南語中是否有對應於上述四者的動貌標誌則不在本文的探討範圍之內。

〔註 7〕根據 Smith（2006），在默認（default）的情形下，SiT 通常與 RT 一致，我們在此用 SiT／RT 來表示。

〔註 8〕時制（tense）有二種定義，一種指稱以某個時間參照點（通常爲說話時間）所定位出的情境時間（Comrie 1976），另一種則指稱表達情境時間位置的語法範疇（Comrie 1986），此處的時制是指前者。

與狀態（states）等四種類型（Vendler 1967；鄧守信 1985；Smith 1990）。誠如先前所言，有終事件與狀態變化事件都具有自然的終點，因此都屬於有界的情境（bounded situations），但前者的內部尚包含具有連續性的不同事件狀態，而後者則無。無終事件與狀態都缺乏自然的終點，因此都屬於無界的情境（unbounded situations），但前者可以具有一個任意或可能的終點，並且其內部尚包含具有連續性的不同事件狀態，至於後者則同時缺乏任何類型的終點與具連續性的不同事件狀態，而只具有同質性的連續狀態。在此基礎上，我們發現在臺灣閩南語中，時間起點概念通常只能在無終事件、瞬成事件與狀態等情境概念結構中凸顯，而不能在有終事件的情境概念結構中凸顯。如下面的例子所示：

無終事件

（9）a. 伊 較早 是 <u>對（ui3）</u> 2點 開始 賣（TA）
　　　他 以前 是 　FROM 　2點 開始 賣
　　　「他以前是從2點開始賣」

　　b. 伊 <u>對（tui3）</u> 　舊年 開始 就 很少 甲 你 連絡（TA）
　　　他 FROM 　　去年 開始 就 很少 跟 你 連絡
　　　「他從去年開始就很少跟你連絡」

　　c. <u>按 　出世</u> 養 到 大漢，像 家己 的（TA）
　　　FROM 出生 養 到 長大 　像 自己 的
　　　「從出生養到大，就像自己生的一樣」

　　d. 伊 <u>自 　細漢</u> 就 作 這 途（TA）
　　　他 FROM 小時候 就 做 這 行業
　　　「他自小就從事這個行業」

　　e. <u>從（tsing5）嘉慶年</u> 開始，伊 就 住 佇 台南 　（YA）
　　　　FROM 　　嘉慶年 開始 他 就 住 在 台南
　　　「從嘉慶年開始，他就住在台南」

　　f. <u>從（tsiong5）</u> 今 以後 會當 踮 遮 好好仔 過 日子（TA）
　　　　FROM 　　　現在 以後 可以 在 這裡 好好地 過 日子
　　　「從今以後可以在這裡好好地過日子」

狀態變化事件

（10）a. <u>對（ui3）</u> <u>後禮拜</u> 起，停止 執行 任務（TA）

　　　　FROM　　　 下禮拜 起 停止 執行 任務

　　　　「從下禮拜起，停止執行任務」

　　b. <u>對（tui3）</u> <u>彼日</u> 起，我 的 態度、面容、聲音 攏 變款（TA）

　　　　　FROM　　 那天 起 我 的 態度　面容　聲音 都 改變

　　　　「從那天起，我的態度、面容、聲音都改變了」

　　c. 彼間 戲院 是 <u>按　　1861 年</u> 開土動工 的（TA）

　　　　那間 戲院 是 FROM 1861 年 開土動工 的

　　　　「那間戲院是從 1861 年開土動工的」

　　d. <u>自　　今仔日</u> 開始 禁止 所有 的 活動（TA）

　　　　FROM　 今天　　 開始 禁止 所有 的 活動

　　　　「自今天開始禁止所有的活動」

　　e. 伊 <u>從（tsing5）</u> <u>半冬外前</u> 對 別間 學校 轉來 （TA）

　　　　她　 FROM　　　 半年多前 從 別間 學校 轉來

　　　　「她半年多前從別間學校轉學過來」

　　f. 咱　 逐家 <u>從(tsiong5)今</u> 以後 欲 放捒 逐項 殘忍 的 法度（TA）

　　　　我們 每個人 FROM　 現在以後 要 拋棄 每項 殘忍 的 法律

　　　　「我們每個人從今以後要拋棄每項殘忍的法律」

狀態

（11）a. 我 這個人 <u>對（ui3）</u>少年 時代 開始 會當 講 無 啥物 同情心（TA）

　　　　我 這個人 FROM 年輕 時代 開始 可以 說 沒 甚麼 同情心

　　　　「我這個人從年輕時代開始可以說沒甚麼同情心」

　　b. 這個 祺聖，<u>對（tui3）</u> 老爸 死 後，已經 就 眞 散（TA）

　　　　這個 祺聖　 FROM　　 爸爸 死 後 已經 就 很 懶散

　　　　「這個祺聖，從老爸死後，已經就很懶散了」

　　c. 我 <u>按　　細漢</u> 就 眞 驚 伊（TA）

　　　　我 FROM 小時候 就 很 怕 他

　　　　「我從小就很怕他」

    d. <u>自</u>   細漢 我 就 眞 感 鳥仔（TA）

       FROM 小時候 我 就 很 討厭 小鳥

       「自小我就很討厭小鳥」

    e. 阮 漚汪 姑仔 <u>從（tsing5）</u>   <u>細漢</u> 尙 疼 我（TA）

      我的 地名 姑姑   FROM   小時候 最 疼 我

      「我住在漚汪的姑姑從小最疼我」

    f. <u>從（tsiong5） 今 以後</u> 著 較 留神 咧（TA）

       FROM   現在 以後 必須 比較 當心 語氣詞

      「從今以後必須當心一點」

有終事件

（12）a. *伊 <u>對（ui3）</u> 2點 就 賣完 矣（AU）

      他   FROM   2點 就 賣完 了

      「他從2點就賣完了」

    b. *伊 <u>對（tui3）頭拄仔</u> 就 甲 飯 吃了 矣（AU）

      他   FROM   剛才 就 把 飯 吃完 了

      「他從剛才就把飯吃完了」

    c. *彼粒 錶仔 伊 <u>按</u>   昨 就 找到 矣（AU）

      那支 手錶 他 FROM 昨天 就 找到 了

      「那支手錶他從昨天就找到了」

    d. *伊 <u>自 早起</u> 就 共 彼 本 冊 看完 矣（AU）

      他 FROM 早上 就 把 那 本 書 看完 了

      「他自早上就把那本書看完了」

    e. *伊 <u>從（tsing5） 透早</u> 就 共 菜 買了 矣（AU）

      他   FROM   早上 就 把 菜 買完 了

      「他從早上就把菜買完了」

    f. *<u>從（tsiong5） 今 以後</u>，伊 欲 共 大學 讀完（AU）

       FROM   現在 以後 他 要 把 大學 讀完

      「從今以後，他要把大學讀完」

　　從上面的例子可以發現，時間起點概念可以出現在無終事件、瞬成事件與狀態等情境中，但卻不能出現在具有「完成」概念成分的有終事件之中。針對此點，我們以「台語文語詞檢索」語料庫的語料爲主要的基礎，分析每個時間起點所共現的情境類型，並進行量化統計，統計的結果如下表所示：

表 4.3　時間起點與情境類型的共現型態

情境類型 數量（比率） 起點介詞	有終事件	無終事件	狀態變化事件	狀　態	語　例 總數量
對（ui3）	0（0%）	14（48.3%）	13（44.8%）	2（6.9%）	29
對（tui3）	0（0%）	17（50%）	7（20.6%）	10（29.4%）	34
按	0（0%）	4（80%）	1（20%）	0（0%）	5
自	0（0%）	38（36.5%）	25（24.1%）	41（39.4%）	104
從（tsing5）	0（0%）	19（38.8%）	12（24.5%）	18（36.7%）	49
從（tsiong5）	0（0%）	12（46.15%）	8（30.77%）	6（23.08%）	26

　　從上表可以發現一個顯著的傾向，即不論何種介詞所指稱的時間起點概念都不能與有終事件共現〔註9〕，表 4.3 的結果不但能更清楚的呈現時間起點與情境類型的共現型態，其更可以支持我們根據例子（9）至（12）所作的推論。然而，我們也必須針對時間起點與情境類型的共現型態提出一個認知觀點的解釋。

4.2.2 時間起點與情境的概念關係

　　由於情境類型是根據情境內部時間結構所作的區分（Vendler 1967；Tai 1984；鄧守信 1985；Smith 1990），因此要解釋臺灣閩南語中時間起點與情境類型的共現型態就必須從情境的內部時間結構著手。此外，爲了說明爲何在臺灣閩南語中，時間起點無法與有終事件共現，但卻能與其他三種情境類型共現，我們必須找尋有終事件與其他三種情境類型在內部時間結構上的差異。

〔註9〕雖然「按」沒有與狀態共現的例子，但我們認爲此現象可能是肇因於語料數過少的緣故，因爲根據母語使用者的語感，「按」可以出現在表達狀態的句子之中。

在本文的第二章中，我們已經在 Smith（1990）的基礎上論證了有終事件在臺灣閩南語中的存在，並且臺灣閩南語中的有終事件也具有三種屬性：完結性、持續性與不可分離性。就完結性來說，在臺灣閩南語中，含有結果式複合動詞的句子可以呈現情境的完結屬性，如「伊有買著彼本冊」（他買到了那本書）〔註 10〕。在這類句子中，專門指稱事件完結的結果式複合動詞也可以搭配指稱時段的詞語來凸顯情境的持續屬性，如「伊用三年寫完彼本冊」（他花了三年寫完那本書）。此外，當專門指稱事件完結的結果式複合動詞出現在具有完成動貌的句子中時，通常也涵蘊著另一個具有未完成動貌句子的存在，如「伊昨有讀完彼本小說」（他昨天讀完了那本小說）涵蘊著「伊昨在讀彼本小說」（他昨天在讀那本小說）的存在。上述的檢測顯示，臺灣閩南語的有終事件含有「過程」與「完結」等二種概念成分，而「完結」概念成分的存在也是有終事件與其他三種情境類型最大的差異所在。再者，雖然有終事件同時含有「過程」與「完結」等二種概念成分，但我們卻認為「完結」概念成分比「過程」概念成分具有更高的凸顯度。這可表現在二個方面：首先，在自然或無標（unmarked）的情況下，有終事件的「過程」概念只能藉由涵蘊的方式顯現，而無法直接與「完結」概念成分共同存在於一個句子之中，這可從用以檢測有終事件具有不可分離屬性的例證中得知。其次，表達有終事件的句子通常不能與未完成動貌共存，如下面的例子所示：

（13）*伊 當佇 寫完 彼 本 冊（AU）

　　　他 正在 寫完 那 本 書

　　　「他正在寫完那本書」

在上述的基礎上，我們認為臺灣閩南語的有終事件之所以不能與時間起點共存的最大原因乃是在於二者的概念結構相互衝突所致。具體而言，時間起點概念凸顯的是一個情境的起始，但是有終事件凸顯的卻是一個情境的完成或結束，二者具有相互矛盾的概念結構，因此無法並存。這種概念衝突性在時間起點介詞搭配具有強調起始功能的副詞時更能清楚的呈現，如下面的例子所示〔註 11〕：

〔註 10〕「著」的讀音為 tioh4。

〔註 11〕「從（tsiong5）」所能出現的語法結構其後面通常不能直接搭配具有強調起始功能的副詞，因此我們此處的例句略過「從（tsiong5）」。

（14）a.　*伊　<u>對（ui3）</u>　2點　<u>開始</u>　就　賣完　矣（AU）

　　　　他　　FROM　　2點　開始　就　賣完　了

　　　　「他從2點開始就賣完了」

　　　b.　*伊　<u>對（tui3）</u>　<u>頭拄仔</u>　<u>開始</u>　就　共　飯　吃了　矣（AU）

　　　　他　　FROM　　剛才　開始　就　把　飯　吃完　了

　　　　「他從剛才開始就把飯吃完了」

　　　c.　*彼粒　錶仔　伊　<u>按　　昨</u>　<u>開始</u>　就　找著　矣（AU）

　　　　那支　手錶　他　FROM　昨天　開始　就　找到　了

　　　　「那支手錶他從昨天開始就找到了」

　　　d.　*伊　<u>自　早起</u>　開始　就　共　彼　本　冊　看完　矣（AU）

　　　　他　FROM　早上　開始　就　把　那　本　書　看完　了

　　　　「他自早上開始就把那本書看完了」

　　　e.　*伊　<u>從（tsing5）透早</u>　開始　就　共　茱　買了　矣（AU）

　　　　他　　FROM　　早上　開始　就　把　茱　買完　了

　　　　「他從早上開始就把茱買完了」

　　（14）中的副詞「開始」具有強調時間起點的功能，它的出現不但強化了時間起點的概念，也升高了有終事件與時間起點的衝突性，因而使得句子的不可接受度較相對的（12）來的顯著。另一方面，無終事件、狀態變化事件與狀態等情境類型都不具有「完結」概念成分，與時間起點並沒有衝突，因此可以同時並存。

4.3　時間起點的語意涵蘊

　　臺灣閩南語的時間起點介詞除了引介時間起點概念外尚具有「持續」的語意涵蘊（semantic implication），這種語意涵蘊使得時間起點介詞除了引介情境的起點外，還可以涵蘊情境的持續或陸續發生，如下面的例子所示：

（15）a.　阮　<u>對（ui3）</u>彼暗　三個　（常常）　做夥　聽　林英美　的　歌（AU）

　　　　我們　FROM　那晚　三個人　常常　　一起　聽　人名　的　歌

　　　　「我們從那晚三個人一起聽林英美的歌」

b. 阮　彼暗　三個　（*常常）　做夥　聽　林英美　的　歌（AU）
　　我們　那晚　三個人　　常常　一起聽　人名　的　歌
　　「我們那晚三個人一起聽林英美的歌」

（16）a. 伊　對（tui3）　細漢　佇　本鄉　　無　好　的　名聲（TA）
　　　　他　FROM　小時候　在　我們家鄉　沒有　好　的　名聲
　　　　「他從小在我們的家鄉沒有好的名聲」

　　　b. 伊　細漢　佇　本鄉　　無　好　的　名聲（AU）
　　　　他　小時候　在　我們家鄉　沒有　好　的　名聲
　　　　「他小時候在我們的家鄉沒有好的名聲」

（17）a. 這套　軟體　是　按　1993　年　發展　的（TA）
　　　　這套　軟體　是　FROM 1993　年　發展　的
　　　　「這套軟體是從 1993 年發展的」

　　　b. 這套　軟體　是　1993　年　發展　的（AU）
　　　　這套　軟體　是　1993　年　發展　的
　　　　「這套軟體是 1993 年發展的」

（18）a. 伊　自　細漢　真　得　父母　疼（TA）
　　　　他　FROM　小時候　很　得到　父母　疼愛
　　　　「他從小很受父母疼愛」

　　　b. 伊　細漢　真　得　父母　疼（AU）
　　　　他　小時候　很　得到　父母　疼愛
　　　　「他從小很受父母疼愛」

（19）a. 我　從（tsing5）　細漢　毋捌　看過　這種　物件（TA）
　　　　我　FROM　　小時候　不曾　看過　這種　東西
　　　　「我從小不曾看過這種東西」

　　　b. 我　細漢　毋捌　看過　這種　物件（AU）
　　　　我　小時候　不曾　看過　這種　東西
　　　　「我小時候不曾看過這種東西」

（20）臺灣　從（tsiong5）　此　愛　覺醒（TA）
　　　臺灣　FROM　此時　必須　覺醒
　　　「臺灣從此必須覺醒」

　　在上面（15）至（19）的例句中，有時間起點介詞出現的 a 句與沒有時間起點介詞出現的 b 句，其語意最大的差別在於前者不但指稱情境在某個時點開始發生，並且涵蘊該情境自發生後，還持續存在或陸續發生至說話時間，而後者卻只有指稱情境在某個時點發生，並沒有指稱情境的起始與涵蘊情境的持續存在或陸續發生。以（19）為例，（19a）所表達的語意是：主語從小時候開始，一直到長大（說話時間），都不曾看過某樣事物。換句話說，「主語不曾看過某樣事物」此一情境從主語小時候開始發生後，一直持續到長大或說話時間。相對的，（19b）所表達的語意是：主語在小時候這個階段並不曾看過某樣事物，但並不涵蘊長大後（說話時間）沒有看過此樣事物。換句話說，「主語不曾看過某樣事物」此一情境在主語小時候發生後並不一定持續到長大或說話時間。至於（20）的例句中，雖然「從（tsiong5）」因為無法獨自出現而較難從語法上來測試其語意蘊涵，但是在語意的詮釋上依然能得出其語意涵蘊。以（20）為例，其不但指稱「臺灣人覺醒」此一狀態變化事件在某個時點發生，還涵蘊該事件所產生的狀態，即「臺灣人醒著」必須一直持續存在。在此基礎上，狀態變化事件的發生時點等同於其所產生狀態持續存在的起點。

　　一般而言，雖然臺灣閩南語時間起點介詞具有持續存在或陸續發生的語意涵蘊，但是其具體的語意會因情境的類型而有所差別，在時間起點無法與有終事件共存的前提下，以下將分別探討時間起點與無終事件、狀態變化事件及狀態等三種情境所產生的語意涵蘊。

（一）無終事件

　　無終事件的內部時間結構具有連續性的不同事件狀態並且缺乏一個自然固有的終點，但其可以具有一個任意或可能的終點。對於一個無終事件而言，其與時間起點的共現可以涵蘊該事件的持續發生，如下面的例子所示：

（21）對（ui3）這日 起，逐日 敬神 拜佛 吃 長齋（TA）
　　　FROM　　這天 起　每天 敬神 拜佛 吃 長齋
　　　「從這天起，每天敬神拜佛吃長齋」

（22）對（tui3）彼霎　無 欲 擱 做 毋 好 的 事〔註12〕（TA）
　　　FROM　　那會兒 不 要 再 做 不 好 的 事
　　　「從那會兒不要再做不好的事」

〔註12〕「霎」（一會兒）讀音為 tiap4。

（23）我　**按　頭拄仔**　就　聽　伊　佇　講　這　件　事誌（AU）

　　　我　FROM　剛才　就　聽　他　在　講　這　件　事情

　　　「我從剛才就聽他在講這件事情」

（24）伊　**自　　細漢**　就　作　這　行（TA）

　　　他　FROM　小時候　就　做　這　行業

　　　「他自小就從事這個行業」

（25）從（tsing5）　彼擺　過來，阿足　吵　眞　濟　捯（TA）

　　　　　FROM　　那次　過來　人名　吵　很　多　次

　　　「從那次過來以後，阿足吵了很多次」

（26）伊　從（tsiong5）　此　更加　努力　求學（TA）

　　　他　FROM　　此時　更加　努力　求學

　　　「他從此更加努力求學」

　　（21）至（26）的例子顯示，當時間起點與無終事件結合的時候，通常會涵蘊整個無終事件在時間起點之後還會陸續的發生。以（21）為例，「對（ui3）」引介「敬神」、「拜佛」與「吃長齋」等無終事件的起點時，通常還是涵蘊這些事件持續在發生。由於這種持續性可以形成一種習慣，因此可以與表示習慣性的狀語「逐日」共現。這個現象也體現出無終事件與有終事件的最大差異在於前者並不指稱事件的完成，因而具有持續發生的可能，並且因此可以與時間起點概念共存，而後者因為指稱且凸顯事件的完成，因而缺乏持續發生可能性，並且無法與時間起點概念共存。

（二）狀態變化事件

　　狀態變化事件具有自然固有的終點，但內部缺乏具有連續性的不同事件狀態。儘管如此，狀態變化事件基本上是在凸顯狀態的變化，因此其概念結構乃是由一個瞬間動作與一個狀態所組成，其中後者是前者所產生的結果而與動作發生前的狀態不同。以「禁止」（禁止）為例，以其為核心所指稱的事件同時包含「禁止」與「某個事件不能存在」等二個概念成分，其中前者為動作概念成分，後者則為狀態概念成分。在此基礎上，當時間起點與狀態變化事件共存時，其通常涵蘊變化後狀態的持續，如下面的例子所示：

（27）我　欲　對（ui3）今仔日　放棄　哲學（TA）

　　　我　要　FROM　今天　放棄　哲學

　　　「我要從今天起放棄哲學」

（28）對（tui3）彼日，我　的　態度、面容、聲音　攏　變款　矣（TA）

　　　FROM　那天　我　的　態度　面容　聲音　都　改變　了

　　　「從那天起，我的態度、面容、聲音都改變了」

（29）拉脫維亞　按　十二世紀　就　無法　脫離　予　人　殖民　的　惡夢（TA）

　　　拉脫維亞　FROM　十二世紀　就　無法　脫離　被　別人　殖民　的　惡夢

　　　「拉脫維亞從十二世紀就無法脫離被別人殖民的惡夢」

（30）所有　的　葡萄園　自　97年　攏愛　廢掉（TA）

　　　所有　的　葡萄園　FROM　97年　都　要　廢掉

　　　「所有的葡萄園自97年起都要廢掉」

（31）伊　從（tsing5）細漢　就　發病（TA）

　　　他　FROM　小時候　就　發病

　　　「他從小就發病」

（32）從（tsiong5）此　展開　侵占　美洲　的　新　紀元（TA）

　　　FROM　此時　展開　侵占　美洲　的　新　紀元

　　　「從此展開侵占美洲的新紀元」

　　　（27）至（32）的例子都顯示，時間起點與狀態變化事件共現的時候，其不但凸顯狀態變化發生的時間點，並且還涵蘊該動作所引發的新狀態會一直持續。以（27）的句子為例，其不但凸顯「放棄哲學」此一狀態變化事件所發生的時點是今天，還涵蘊「哲學被放棄」此一狀態在未來還會持續。由此也可以知道，雖然狀態變化事件與無終事件在與時間起點結合時，都具有「持續」的語意涵蘊，但是二者仍具有顯著的差別：即無終事件涵蘊的是整個事件概念的持續發生；狀態變化事件涵蘊的則是「狀態」概念成分的持續存在，而非「動作」概念成分或整體事件概念的持續發生。

（三）狀　態

　　　狀態的概念結構除了缺乏自然固有的終點外，尚缺乏連續性的不同事件狀態，而只具有同質性的連續狀態，使得狀態的任何概念成分都與整體概念

具有一致的結構。對於一個狀態而言，其與時間起點的共現可以涵蘊該狀態的持續存在，如下面的例子所示：

（33）伊 <u>對（ui3）少年 時代</u> 就 無 啥物 同情心 *(TA)*
　　　他 FROM 　年輕 時候 就 沒 甚麼 同情心
　　　「他從年輕時就沒甚麼同情心」

（34）阿兄 <u>對（tui3）彼時</u> 就 眞 熱心 矣 *(AU)*
　　　哥哥 FROM 　那時 就 很 熱心 了
　　　「哥哥從那時也很熱心」

（35）我 <u>按 細漢</u> 就 行 歹 運 *(AU)*
　　　我 FROM 小時候 就 行 壞 命運
　　　「我從小就命運不好」

（36）伊 <u>自 聖誕 的 戲 演了</u>，就 較 無 遝 捷 *(TA)*
　　　他 FROM 聖誕節 的 戲 演完 就 比較 沒 那麼 忙碌
　　　「他自聖誕節的戲演完，就比較沒那麼忙碌」

（37）<u>從（tsing5）</u>我 細漢 的 時陣 就 感覺 眞 深 *(TA)*
　　　FROM 　　　我 小時候 的 時候 就 感覺 很 深
　　　「從我小時候就感覺很深」

（38）你 <u>從（tsiong5）</u>今 以後 著 較 疼惜 查某 唻 *(TA)*
　　　你 FROM 　　　此時 以後 必須 更 疼愛 女人 語氣詞
　　　「你從此以後必須更疼愛女人一點」

　　（33）至（38）的例子都顯示，時間起點與狀態共現的時候，其不但凸顯狀態發生的時點，還涵蘊該狀態的持續存在。以（33）的句子為例，其不但凸顯「主語沒同情心」此一狀態在主語年輕的時候就已發生，並且還涵蘊該狀態還一直持續存在到說話時間。

　　根據上面所述，時間起點介詞在臺灣閩南語中除了具有指稱情境起點的語意外，尚可以涵蘊情境的持續發生或存在。「**持續**」涵蘊與情境類型的相互作用可以用下表來表示：

表 4.4 各情境類型的「持續」涵蘊

情 境 類 型	時間起點的「持續」涵蘊
無終事件	事件在時間起點之後還會持續發生
狀態變化事件	事件於時間起點引發的新狀態會持續存在
狀態	狀態從時間起點之後持續存在

我們認為，上述的現象可以從意象圖式理論的角度來加以解釋。基本上，在「時間就是空間」的概念隱喻基礎上，情境的時間起點與過程乃是產生於以空間域的「路徑」圖式為基礎所產生的隱喻映射，因此二者應具有相同的概念特徵。我們曾在本文的第三章使用下面的簡圖來表徵 「路徑」圖式（李福印 2008：190），現在重複如下：

圖 4.1 「路徑」圖式

A ──────▶ B

圖 4.1 顯示，「路徑」圖式是由一個起點（A）、終點（B）與二者之間的移動路徑所組成的概念結構，其中要凸顯起點 A 就必須以路徑作為基底結構或認知域。換句話說，起點概念的存在與凸顯必須以路徑概念的存在為前提，亦即起點概念的存在與凸顯亦涵蘊著路徑的存在。此外，在完形心理學的基礎上，「路徑」圖式形成一個認知框架或完形結構以協助人類概念化客觀的事件。在此認知框架中，概念與概念間具有相對固定的關聯模式（沈家煊 1999）〔註13〕。以圖 4.1 為例，起點 A、終點 B 與路徑之間彼此相互關聯而非獨立的存在。在此基礎上，當「路徑」圖式隱喻映射至時間認知域後，與路徑起點和路徑分別相對應的時間起點與過程亦具有上述的涵蘊關係。這顯示時間起點介詞在臺灣閩南語中的語意涵蘊不但具有概念化基礎，其還具有根源於意象圖式的體驗性。

〔註13〕沈家煊（1999）曾以認知框架與換喻的概念來解釋現代漢語「的」字結構的轉指現象。

4.4 時間起點的強化

在臺灣閩南語中，時間起點還會因為與其他特定類型概念的結合而產生強化的概念結構變化。就概念結構的強化而言，時間起點可以分別與「開始」（開始）／「起」（起）所指稱的時間起點概念和「以後」（以後）／「了後」（以後）／「後」（以後）／「以來」（以來）所指稱的時間過程概念結合來增加時間起點或時間過程的凸顯程度。以下，我們將分二個小節來分別論述上述詞語所涉及的時間起點強化。

4.4.1 涉及「開始」或「起」的強化

在臺灣閩南語中，「開始」或「起」等詞語不但指稱時間起點概念，而且還具有「持續」的語意涵蘊，因此與時間起點介詞所指稱的概念結構相似。「開始」或「起」等詞語與時間起點介詞的語意相似性表現在前者通常可以取代後者來表達相同的語意及語意涵蘊。更重要的是，時間起點介詞會與「開始」或「起」等詞語共現來增加時間起點的凸顯程度，如下面的例子所示〔註14〕：

（39）（對（ui3））這馬 開始，你 聽 我 講 落去（TA）
　　　 FROM　　　 現在 開始　你 聽 我 講 下去
　　　「從現在開始，你聽我講下去」

（40）（對（tui3））　這霎　起，　著　行 佇 光明 的 路（TA）
　　　　 FROM　　 這會兒 起　必須 走 在 光明 的 路
　　　「從這會兒起，必須走在光明的路上」

（41）（按）　囡仔 時陣 開始，學校 要求　囡仔　愛 聽 老師 的（TA）
　　　 FROM 小孩 時候 開始　學校 要求 小孩子 必須 聽 老師 的
　　　「從小開始，學校要求小孩子必須聽老師的」

（42）（自）　 今仔日 起，禁止 所有 的 活動　（TA）
　　　 FROM 今天　 起 禁止 所有 的 活動
　　　「自今天起，禁止所有的活動」

〔註14〕文讀形式的「從（tsiong5）」通常必須出現在特定的語法結構中，並且這些語法結構大都不與「開始」或「起」共現，因此在我們的例證中，並沒有出現二者共現的例子。

（43）（從（tsing5））　嘉慶年　開始，伊　就　住　佇　台南（YA）
　　　　　FROM　　　　　嘉慶年　開始　他　就　住　在　台南
「從嘉慶年開始，他就住在台南」

從（39）至（43）可以有二個發現：首先，每個例子中的時間起點介詞都可以省略而不影響整個句子的意義，這是因爲出現在時間起點介詞組之後的「開始」或「起」都可以彌補時間起點介詞省略後所造成的語意空缺。其次，在每個例子中，時間起點介詞都可以與「開始」或「起」共現來共同指稱時間起點概念及涵蘊情境的持續。我們認爲上述二者的共現具有強化時間起點與過程涵蘊的語意功能，這種語意功能的位階高於語言的經濟性要求，使得具有近義關係的二種詞語能夠在同一個句子中共現。

時間起點與「開始」或「起」共現來強化時間起點與過程涵蘊的現象，我們認爲可以從肖象性（iconicity）的角度來加以解釋。根據肖象性的觀點，同一語法形式的重疊或近義形式的共現反映著程度的增強或意義的強化，即概念的增量（augmentation）（Tai 1993；張敏 1997），其可以作爲時間起點介詞與「開始」或「起」共現的認知動機。基於此認知動機，臺灣閩南語藉由時間起點介詞與「開始」或「起」的共現來反映無終事件、狀態變化事件與狀態等情境類型的時間起點及其「持續」涵蘊的強化。

4.4.2 涉及「以後」、「了後」、「後」或「以來」的強化

臺灣閩南語的時間起點介詞可以與「以後」、「了後」、「後」或「以來」共現來凸顯時間起點之後的過程。然而值得說明的，時間起點介詞與「以後」、「了後」、「後」或「以來」的共現頻率存在著差異，這可從語料的量化統計中得知。同樣的，我們以「台語文語詞檢索」語料庫的語料爲主要的基礎，分析每個時間起點介詞與「以後」、「了後」、「後」或「以來」的共現頻率，統計的結果如下表所示：

表 4.5 時間起點介詞與「以後」/「了後」/「後」/「以來」的共現
頻率

	對（ui3）	對（tui3）	按	自	從（tsing5）	從（tsiong5）
以後／了後／後／以來的出現數量	0	10	1	24	4	23
語料總數	29	34	5	104	49	26
共現頻率	0%	29.4%	20%	23.1%	8.2%	88.5%

　　根據上面的表 4.5，我們可以有幾項發現：首先，在所有的起點介詞中，「對（tui3）」、「按」、「自」和「從（tsiong5）」與「以後」、「了後」、「後」或「以來」具有較高的共現傾向。其次，雖然「對（ui3）」與「對（tui3）」具有相同的書面形式與相近的語音形式，但是二者與「以後」、「了後」、「後」或「以來」的共現頻率卻有顯著的差異，亦即「對（tui3）」與「以後」、「了後」、「後」或「以來」的共現頻率遠高於「對（ui3）」。最後，因文讀形式的「從（tsiong5）」通常必須出現在「_＋此＋（以後）」與「_＋今＋以後」等二種語法結構中，使得其與「以後」的共現頻率高於其他時間起點介詞。

　　在語意功能方面，我們認為「以後」、「了後」、「後」或「以來」等詞語具有指稱時間過程或時間持續的語意，因此當其與時間起點介詞共現時，通常會凸顯時間起點介詞的語意涵蘊，造成其持續意義的強化。具體而言，在「時間起點介詞＋事件賓語＋「以後」／「了後」／「後」／「以來」＋述語核心」這樣的語法結構中，時間起點介詞與「以後」／「了後」／「後」／「以來」各自具有不同的語意功能〔註15〕。就映射路徑圖式的時間起點介詞而言，由於其具有引介時間起點與涵蘊時間持續的概念框架，在 Talmy（2000）所提「注意力窗口化」（windowing of attention）的基礎上，時間起點介詞所具有的概念框架可以將注意力的範圍放置在事件賓語所指稱的事件上，並且將時間起點的概念與時間持續的涵蘊賦予該事件，使得該事件賓語被強制解讀而具有時間意義。至於具有時間持續語意的「以後」／「了後」／「後」／「以來」則具有強化上述時間持續涵蘊的語意功能。舉例而言，在「伊對（tui3）畢業了後就佇找頭路」（他從畢業以後就在找工作）的例子

〔註15〕在臺灣閩南語的時間起點介詞中，只有「從（tsiong5）」不與事件賓語共現，亦即其不能出現在此語法結構之中。

中，「畢業」本來指稱的是一個事件，即「求學」的終點，本身並沒有時間
起點的意義與時間持續的語意涵蘊。然而，當其與時間起點介詞，即「對
（tui3）」共現後，我們的注意力窗口轉移至「畢業」及其之後的狀態，因而
產生了時間起點的意義與時間持續的語意涵蘊，並且藉由「以後」/「了後」
/「後」/「以來」的共現，我們可以強化並凸顯時間持續的語意涵蘊。從
此處也可以看出，時間起點介詞搭配事件賓語時，其具有將一個事件的完結
狀態設想成時間起點的語意功能。

　　此外，「以後」/「了後」/「後」/「以來」的語意功能還可以藉由
具有較高語例總數及共現頻率的「對（tui3）」、「自」與「從（tsiong5）」等
介詞的例證來加以說明：

（44）這個 祺盛 <u>對</u>(tui3) 老爸 過身(以後)(*開始/起)，已經 就眞 散 矣（TA）
　　　這個 人名 FROM 父親 過世 以後　　　　已經 就很 懶散了
　　　「這個祺盛從父親死後， 已經就很懶散了」

（45）　<u>自</u> 阮 冤家（了後）(*開始/起)，兩個 就 無 講話（TA）
　　　FROM 我們 吵架 以後　　　　 兩個人 就 沒有 講話
　　　「自我們吵架以後，兩個人就沒有講話」

　　從（44）到（45）這類型的語例可以發現，只要時間起點介詞與事件賓
語共現，不管賓語後面有無出現「以後」/「了後」/「後」/「以來」這
類型的詞語，該時間起點介詞組通常不能再與強化時間起點的「開始」/「起」
搭配使用，顯示「開始」/「起」的出現與否受到事件賓語的制約。我們認
為，造成這種現象的原因在於「開始」/「起」與「時間起點介詞＋事件賓
語」的語意功能有所不同，如下面的例子所示：

（46）a.*伊 頂禮拜 起 就 過身 矣（AU）
　　　　他 上禮拜 起 就 過世 了
　　　　「他從上禮拜起就過世了」

　　　b. 伊 頂禮拜 起 就 破病 矣（AU）
　　　　他 上禮拜 起 就 生病 了
　　　　「他從上禮拜起就生病了」

（47）a. *伊　頂禮拜　開始　過身（AU）

　　　　他　上禮拜　開始　過世

　　　　「他上禮拜開始過世」

　　　b. 伊　頂禮拜　開始　破病（AU）

　　　　他　上禮拜　開始　生病

　　　　「他上禮拜開始生病」

　　　（46）與（47）中的「破病」（生病）與「過身」（過世）雖然都是指稱狀態變化事件的瞬成動詞，但是在語意上卻有所不同，即前者是指稱事件狀態的起始，後者則是指稱事件狀態的完結（鄧守信 1985）。從（46）與（47）的例子可以發現，「開始」／「起」只能與「破病」（生病）這類的動詞共現，而不能與「過身」（過世）這類的動詞共現，顯示「開始」／「起」的語意功能是單純指稱事件狀態的開始，而與事件狀態的完結無關。在此基礎上，由於「時間起點介詞＋事件賓語」的語意功能是將一個事件的完結狀態設想成另一個情境的時間起點，其與「開始」／「起」的語意功能相互衝突，造成二者傾向於不能共現。

　　　根據前面所述，「以後」／「了後」／「後」／「以來」具有強化「**持續**」概念的語意功能。據此，前面表 4.5 的量化分析顯示「對（ui3）」／「對（tui3）」與「從（tsing5）」／「從（tsiong5）」各自具有語意功能上的差異，亦即「對（tui3）」與「從（tsiong5）」對情境持續性的著重程度分別高於相對的「對（ui3）」與「從（tsing5）」。此外，在所有的時間介詞中，「從（tsiong5）」在「**持續**」概念上具有最高的著重性。另一方面，「自從」與「以後」／「了後」／「後」／「以來」也有相當程度的共現頻率，如下表所示：

表 4.6 「自從」與「以後」／「了後」／「後」／「以來」的共現型態

	自	從（tsiong5）	自從
以後／了後／後／以來的出現數量	24	23	44
語料總數	104	26	58
共現頻率	23.1%	88.5%	75.9%

　　　從表中可以發現，「自從」與「以後」／「了後」／「後」／「以來」具有很高的共現率而與「從（tsiong5）」相近，顯示「自從」在「**持續**」概念的著重性上較接近「從（tsiong5）」而與「自」不同。

4.5 時間起點在語法結構中的語意變化

　　臺灣閩南語的某些時間起點介詞可以與介詞「到」（到）或副詞「就」（就）共現來分別指稱時段或反時間預期的概念。在這樣的語法結構中，時間起點概念會受到整個結構語意的影響而發生變化。以下將分二個小節來探討時間起點概念在「時間起點介詞＋時間詞語 1＋「到」＋時間詞語 2」與「時間起點介詞＋時間詞語＋「就」＋述語核心」等二種語法結構中的語意變化。

4.5.1 「時間起點介詞＋時間詞語 1＋「到」＋時間詞語 2」

　　在臺灣閩南語中，時間起點介詞組可以與「到」介詞組進一步組成一個專門用以指稱時段的語法結構。一般而言，「到」介詞組由介詞「到」與指稱時點的賓語組成，其可以同時指稱事件未發生狀態或已發生狀態的時間終點。具體而言，「到」介詞組充當動詞前的狀語時，通常指稱事件未發生狀態的終點，如「伊到國中才開始拍球」（他到國中才開始打球）的例子中，其指稱「某人開始打球」此一事件的未發生狀態是到「國中」這個時點結束；反之，當「到」介詞組充當動詞後的補語時，通常指稱事件已發生狀態的終點，如「我等到七點才走」（我等到七點才走）中，「到七點」乃是指稱「說話者等待某人」此一事件已發生狀態的終點。「時間起點介詞＋時間詞語 1＋「到」＋時間詞語 2」此語法結構指稱時段的例子如下所示：

（48）踮 庄腳 對（ui3）透早 到 暗暝 攏 還是 聽會到 收音機 的 聲音（TA）
　　　在 鄉下 FROM 早晨 到 晚上 都 還是 聽得到 收音機 的 聲音
　　　「在鄉下從早到晚都還是聽得到收音機的聲音」

（49）對（tui3）　彼霎　　到　今　罕得 捌 抱 世間 囡仔（TA）
　　　FROM　　　那會兒　到 現在 稀罕 曾 抱 世間 小孩
　　　「從那會兒到現在很少抱過世間的小孩」

（50）按　　透早 到 透暗 攏 行不出 姓 黃 的 田園（TA）
　　　FROM 早晨 到 晚上 都 走不出 姓 黃 的 田園
　　　「從早到晚都走不出姓黃的田園」

（51）自　　細漢 到 今，我 聲聲句句 甲 家己 講 愛 故鄉（TA）
　　　FROM 小時候 到 現在 我 口口聲聲 跟 自己 說 愛 故鄉
　　　「自小時候到現在，我口口聲聲跟自己說愛故鄉」

（52）從（tsing5）戰後 到 今， 北京語 寫 的 文學 眞 濟（TA）
     FROM 戰後 到 現在 北京語 寫 的 文學 很 多
     「從戰後到現在，用北京語寫的文學很多」

    從上面的（48）至（52）可以發現，除了文讀的「從（tsiong5）」外，其他的時間起點介詞都可以與「到」介詞組構成一個固定的語法結構來指稱情境持續的時間。以（48）爲例，「對透早到暗暝」用以指稱「聽會到收音機的聲音」所指稱情境持續的時段。「時間起點介詞＋時間詞語 1＋「到」＋時間詞語 2」此語法結構的語意還可以從其與副詞「攏」的共現看的出來。具體而言，由於臺灣閩南語的副詞「攏」與現代漢語的「都」一樣具有將焦點成分的複數概念分配給謂語所指稱情境的功能〔註16〕，因此「攏」的出現顯示「時間起點介詞＋時間詞語 1＋「到」＋時間詞語 2」所指稱的並非是單一的時點概念而是由複數時點所組成的時段概念。再以（48）爲例，「攏」的語意功能在於指稱「聽會到收音機的聲音」所指稱情境在「對透早到暗暝」所指稱時段中的大部分時點都在發生。根據上面所述，我們可以知道在「時間起點介詞＋時間詞語 1＋「到」＋時間詞語 2」的語法結構中，時間起點概念因爲受到整個結構的語意影響而不具有凸顯性。

4.5.2 「時間起點介詞＋時間詞語＋「就」＋述語核心」

    臺灣閩南語的某些時間起點介詞組，如「對（ui3）」、「對（tui3）」、「自」與「從（tsing5）」等也可以與副詞「就」（就）〔註17〕及擔任述語核心的形容詞組或動詞組搭配來形成「時間起點介詞＋時間詞語＋「就」＋述語核心」的語法結構〔註18〕。此語法結構具有指稱情境的時間起點早於談話者預期的

〔註16〕根據郭進屘於 2007.8.1 至 2008.7.31 所執行的國科會計畫「閩南語和現代漢語的部分結構：可接近性和整體性」（96-2411-H-017-013），「攏」與現代漢語的「都」同屬分配性副詞，二者在語意上的表現相似。

〔註17〕「就」的讀音爲 to7。

〔註18〕根據 Biq（1988）與 Liu（1994）的研究，現代漢語的「就」與「才」在語意上具有對立性，即前者標示事件實際發生的時間比說話者預期的早，而後者則標示事件實際發生的時間比說話者預期的晚。雖然臺灣閩南語的「就」與「才」（才）與現代漢語具有相似的語意功能，但在我們所使用的語料庫中，「才」與時間起點介詞共現的情形很少，因而我們認爲時間起點介詞與「才」還沒有形成一個固定語法結構的傾向。

語意功能，如下面的例子所示：

（53）阮　　翁　對（ui3）昨日　就　無　轉來（TA）
　　　我的 丈夫　FROM　　前天　就　沒 回來
　　　「我的丈夫從前天就沒有回來」

（54）伊　對（tui3）舊年　就　眞少　甲　你 聯絡（TA）
　　　他　FROM　　去年　就　很少　跟　你 連絡
　　　「他從去年就很少跟你連絡」

（55）自　　二年的　起　就　去 外校 甲　人　比賽　（TA）
　　　FROM 二年級 起　就　去 外校 跟 別人 比賽
　　　「自二年級起就去外校跟別人比賽」

（56）從（tsing5）伊 死 尪　就　無 佇 飼 老母 矣（TA）
　　　FROM　　　她 死 丈夫 就 沒 在 養 母親 了
　　　「從她丈夫死後就沒有奉養母親了」

　　　從（53）至（56）可以發現，在「就」指稱事件實際發生的時間點較預期的早之基礎上（Biq 1988；Liu 1994），由於事件實際發生的時間點越早，其所持續的時間就越長，因此「就」的語意與時間起點介詞其涵蘊時間持續的語意相符，故二者可以經常共現，並且共現後會指稱事件持續的時間較預期的長並涵蘊事件的持續。據此，「時間起點介詞＋時間詞語＋「就」＋述語核心」除了用來指涉述語核心所指稱情境的時間起點外，尚涵蘊該情境持續的時間較預期的長。以（53）為例，其除了表達「無轉來」所指稱情境實際的起點是前天外，尚表達談話者所預期的情境持續時間，即其丈夫沒有回來的時段持續得較談話者所預期的長。

　　　此外值得一提的，臺灣閩南語各時間起點介詞與「就」形成一個固定語法結構的情形並不盡相同，這可從各時間起點介詞與「就」的共現頻率差異得知。在量化統計方式的基礎上，我們可以得出下列表 4.7 所示的結果：

表 4.7 時間起點介詞與「就」的共現頻率〔註 19〕

〔註 19〕臺灣閩南語的「就」與現代漢語一樣都具有多義性（Biq 1988；Liu 1994），在此我們只針對具有「反時間預期」語意的「就」進行統計。

	對 （ui3）	對 （tui3）	按	自	從 （tsing5）	從 （tsiong5）
就的出現數量	8	1	0	35	19	0
語例總數	29	34	5	104	49	26
共現頻率	27.6%	2.9%	0%	33.7%	38.8%	0%

　　根據上表，除了「按」可能因為語例總數過少而影響共現頻率外〔註20〕，我們可以有二個主要的發現：首先，在所有的時間起點介詞中，「對（ui3）」、「自」和「從（tsing5）」三者與「就」具有較高的共現傾向。其次，「對（ui3）」與「對（tui3）」雖然具有相同的書面形式語相近的語音形式，但是二者與「就」的共現率卻有明顯的不同，顯示「對（ui3）」較「對（tui3）」更傾向於與「就」形成一個固定的語法結構。最後，「從（tsiong5）」沒有與「就」共現的語例，遠低於相對的白讀形式，即「從（tsing5）」與「就」的共現頻率，呈現出二者在與「就」共現上的差異性。就語意層面而言，表4.7的量化分析結果顯示「對（ui3）」、「自」和「從（tsing5）」三者除了引介時間起點外，尚涵蘊該時間起點在時間連續體中具有絕對的程度，因而具有「極早」的語意涵蘊。此種語意與「就」的反時間預期功能相符，因此造成其較易與「就」共現。其中，「自」和「從（tsing5）」的「極早」涵蘊還可以從其他地方看出來。就「自」而言，我們發現某些含有「自」的複合詞亦呈現出「極早」的語意涵蘊，如「自早」（從很早以前）、「自來」（從很早以前到現在）與「自底」（從以前；原本）等都具有「極早」的語意涵蘊。就「從（tsing5）」而言，從先前的論述可以知道，相較於大部分介詞其引介的時間起點可以位於「現在」、早於「現在」的「過去」與晚於「現在」的「未來」，「從（tsing5）」只能引介早於「現在」的「過去」，因而呈現出其涵蘊「極早」的傾向。在上述的基礎上，我們也可以檢驗「自從」的概念屬性。根據語料庫的量化分析，「自從」與「就」的共現頻率可以用下表來呈現：

表4.8　「自從」、「自」、「從（tsiong5）」與「就」的共現型態

	自	從（tsiong5）	自從
就的出現數量	35	0	1
語料總數	104	26	58
共現頻率	33.7%	0%	1.7%

〔註20〕根據作者的語感，「按」可以與「就」共現來指稱「反時間預期」的概念。

從上表可知，「自從」與「就」之間具有相當低的共現頻率，因而與「從（tsiong5）」相近。這顯示「自從」在語意上與「從（tsiong5）」一樣都不具有「極早」的語意涵蘊。此外，根據上面所述，我們也可以發現在「時間起點介詞＋時間詞語＋「就」＋述語核心」的結構中，時間起點介詞所引介的時間起點概念因為受到整個結構語意的影響，造成其凸顯性稍弱於沒有與「就」共現的時間起點介詞。

4.6 小 結

綜合本章所述，在臺灣閩南語中，時間起點概念映射至多種的介詞形式之上。這些介詞主要以「對」、「按」、「自」與「從」等為基礎形式，其中「對」又有 *ui3* 與 *tui3* 二種語音形式，而「從」也有白讀的 *tsing5* 與文讀 *tsiong5* 等二種語音形式。再者，「自」與文讀的「從」又可進一步組成「自從」來指稱時間起點概念。

在語意功能的層面上，臺灣閩南語的時間起點介詞都以引介情境的時間起點概念為核心語意，並且都具有表達情境持續存在或陸續發生的語意涵蘊。值得說明的，在與情境類型的搭配型態上，本章發現臺灣閩南語的時間起點介詞傾向於不與有終事件共現，其認知上的原因在於時間起點概念凸顯的是一個情境的起始，而與凸顯情境完成或結束的有終事件相互矛盾，因此無法並存。此外，時間起點與無終事件、狀態變化事件及狀態等三種情境結合時會產生情境持續存在或陸續發生的語意涵蘊，此現象可以從「路徑」意象圖式與完形心理學的角度來加以解釋。具體而言，起點概念的存在與凸顯必須以路徑概念的存在為前提，因而二者有相互涵蘊的關係。在此基礎上，當「路徑」圖式隱喻映射至時間認知域後，與路徑起點和路徑分別相對應的時間起點與過程亦具有上述的涵蘊關係，呈現出以空間為基礎的概念化歷程與根源於意象圖式的體驗性。

雖然各時間起點介詞在時間語意上具有極高的相近性，但是各時間起點介詞在搭配介詞賓語的頻率、意義的強化型態與在語法結構中的語意變化上都有所差異，這些差異有些可以從概念化的角度來加以詮釋並且呈現出各時間起點介詞在時間意義上的差異。在針對語料庫進行量化統計的基礎上，我們可以發現大部份的時間起點介詞都可以搭配時間關係賓語與非時間關係賓

語。然而在與事件賓語的搭配型態上，我們發現「自」與「從（tsing5）」搭配事件賓語的頻率遠高於其他的時間起點介詞，呈現出二者的特殊性。此外，時間起點介詞與事件賓語共現時會藉由強制解讀的手段，將事件賓語所指稱的事件概念化爲時間起點並賦予時間持續的語意涵蘊，因此「自」和「從（tsing5）」與事件賓語的高共現率顯示二者具有較高的強制解讀性。再者，相較於其他時間起點介詞可以指稱過去、現在或未來的時間起點，白讀的「從（tsing5）」卻只能搭配賓語來指稱位於過去的時間起點，因而呈現出語意上的特殊性。另一方面，我們也發現時間起點介詞與其賓語所組成的狀語也可以指稱明確的時間關係訊息，因而具有表達時制的功能。

　　在時間起點的強化型態方面，時間起點概念一方面可以與「開始」或「起」所指稱的時間起點概念結合來強化凸顯程度，另一方面可以與「了後」類型詞語所指稱的時間過程概念結合來凸顯情境過程的持續，並因而弱化了時間起點的凸顯程度。其中在與「了後」類型詞語的共現率方面，我們一方面發現「對（tui3）」、「按」、「自」和「從（tsiong5）」與「了後」類型詞語具有較高的共現率，另一方面也發現「對（tui3）」和「從（tsiong5）」與「了後」類型詞語的共現頻率分別遠高於形式相近的「對（ui3）」和「從（tsing5）」，其中文讀形式的「從（tsiong5）」與「了後」類型詞語的共現頻率還遠高於其他的介詞。就語意上而言，上述的語法現象顯示「對（tui3）」、「按」、「自」與「從（tsiong5）」其對**持續**涵蘊的著重性高於其他介詞，造成其傾向於與「了後」類型詞語共現來凸顯**持續**的語意涵蘊。在此基礎上，我們認爲上述四者在概念上具有較高的持續性。此外，臺灣閩南語的時間起點介詞可以與介詞「到」或副詞「就」共現來分別指稱時段或反時間預期的概念。具體而言，除了文讀的「從（tsiong5）」外，其他的時間起點介詞都可以與「到」介詞組形成「時間起點介詞＋時間詞語 1＋「到」＋時間詞語 2」的語法結構來指稱情境持續的時段，而「對（ui3）」、「對（tui3）」、「按」、「自」與「從（tsing5）」等也可以與副詞「就」及擔任述語核心的形容詞組或動詞組搭配來形成「時間起點介詞＋時間詞語＋「就」＋述語核心」的語法結構來指稱情境的時間起點與持續時間分別早於及長於談話者的預期。在這些語法結構中，時間起點介詞引介的時間起點概念因爲受到整個語法結構語意的影響而降低了凸顯度。此外，我們一方面發現「對（ui3）」、「自」和「從（tsing5）」與「就」具有較高的共現傾向，另一方面也發現「對（ui3）」／「對（tui3）」

與「從（tsing5）」／「從（tsiong5）」雖然各自具有相近的形式，但是「對（ui3）」和「從（tsing5）」與「就」共現的傾向性分別高於「對（tui3）」和「從（tsiong5）」，因而分別呈現出文白讀形式的差異性。由於「就」的語意功能之一在於指稱事件發生的時間較預期得早，我們認為「對（ui3）」、「自」和「從（tsing5）」與「就」的高共現率顯示上述三者在概念上具有「**極早**」的語意涵蘊。

綜合以上所述，我們可以發現臺灣閩南語的時間起點介詞都具有相似的時間概念結構，即引介時間起點概念並涵蘊情境的持續。然而，基於語言經濟性的要求，各個時間起點介詞在語言的使用上仍然作出了功能上的區別，這表現在其與介詞賓語的共現型態、其時間起點或持續意義的強化型態與其和介詞「到」及副詞「就」的共現型態方面都具有差異性。各時間起點介詞的時間概念差異可以歸納如下表所示：

表 4.9　時間起點介詞的時間概念差異〔註21〕

	對（*ui3*）	*對*（*tui3*）	*按*	*自*	*從*（*tsing5*）	*從*（*tsiong5*）
高強制解讀性				+	+	
專指「過去」					+	
高持續性		+	+	+		+
「**極早**」涵蘊	+			+	+	

從上表亦可發現，「對（ui3）」／「對（tui3）」與「從（tsing5）」／「從（tsiong5）」這二組語音形式相近的時間起點介詞其在「高持續性」與「「**極早**」涵蘊」等二種概念屬性上各自呈現出互補分布的型態。

〔註21〕　「＋」代表該時間起點介詞具有第一欄所列的語意屬性。

第五章　時間起點概念的空間基礎

　　根據第四章的論述，在臺灣閩南語中，時間起點概念映射至數個介詞之上，使得這些介詞都具有指稱時間起點的核心語意與情境持續的語意涵蘊。然而，由於時間域中的概念大多是從空間域擴展而來（Clark 1973；Traugott 1978；Lakoff & Johnson 1980；Tai 1989；Lakoff 1993；Biq, Tai and Thompson 1996；Radden　2003），因此我們必須進一步地探討時間起點概念在臺灣閩南語中的空間基礎或來源爲何，如此才能有助於我們了解產生時間起點意義的概念化歷程。在此基礎上，我們擬以時間起點介詞爲對象來釐清二個問題：（一）時間起點概念在臺灣閩南語中是否都是由空間概念擴展而來？（二）產生時間起點概念的概念化歷程是否會因爲空間概念結構的影響而產生差異性？爲了回答上述的問題，我們在本章中將探討各時間起點介詞其動詞性本義、介詞性空間意義及上述二者之間的概念化關係。[註1] 就概念上來說，動詞性本義與介詞性空間意義都涉及凸顯實體（entities）關係的空間概念結構，但是二者不同之處在於動詞性本義是一種以順序性掃描方式（sequential scanning）所概念化的實體關係，而介詞性意義則是以總結性掃描方式（summary　scanning）所概念化的實體關係。其中，以順序性掃描方式所概念化的實體關係涉及設想時間（conceived time），因此又稱爲「時間性關係」（temporal relation），而以總結性掃描方式所概念化的實體關係並不涉及設想時間，因此又稱爲「非時間性關係」（atemporal　relation）。由於時間起點概

〔註 1〕 就語法化的觀點而言，介詞的動詞性本義通常指稱在具體空間中所發生的事件，此種事件通常可以被感官所感知。此外，我們將在後面的章節論述，臺灣閩南語的時間起點介詞大都同時具有動詞性與介詞性空間意義，並且後者通常是由前者擴展而來。

念結構所凸顯的亦是一種非時間性關係，因此介詞性空間意義的概念結構與時間起點概念結構具有最近的認知距離。換句話說，具有空間概念基礎的時間起點概念其最直接或最近的概念化基礎即是這種具有非時間性關係的介詞性空間概念結構。相反的，時間起點介詞的動詞性本義凸顯的是一種時間性關係，其與時間起點概念結構的關係較爲間接，但是由於其是產生介詞性空間意義的基礎，因此動詞性本義可視爲是產生時間起點概念的根源。在此基礎上，本章基於共時角度所作的探討將能使時空概念化的根源與歷程清楚的呈現，使我們可以藉此了解時間起點介詞在概念化結構上的差異及其成因。以下我們將分別以各個時間起點介詞爲對象，探討上述的相關議題。

5.1 時間起點概念的空間基礎差異

從臺灣閩南語的時間起點介詞來看，臺灣閩南語的時間起點概念在其空間的基礎上具有二方面的差異：首先，在共時的層面上，並非所有的時間起點概念都具有顯而易見的空間基礎。其次，時間起點概念之間的空間概念基礎在顯著性上有所不同。就第一個差異而言，我們發現在臺灣閩南語的時間起點介詞中，只有「對（ui3）」、「對（tui3）」、「按」與「自」在獨自使用時可以指稱空間概念，而「從（tsing5）」與「從（tsiong5）」則否。其中，在可以指稱空間概念的時間起點介詞中，只有「對（tui3）」具有涉及具體空間的動詞用法，如下面的例子所示：

「對（ui3）」

（1）國際歌 對（ui3） 鐘樓 頂懸 傳 落來（TA）
　　　國際歌　FROM　　鐘樓　上面　傳　下來
　　　「國際歌從鐘樓上面傳下來」

「對（tui3）」

（2）a. 伊 對（tui3）（著）　在 佇 面頂 的 神主牌 吐大氣〔註2〕（TA）
　　　　他　面對　著　　豎立 在 上面 的 祖先牌位 嘆氣
　　　　「他對（著）豎立在上面的祖先牌位嘆氣」

〔註2〕「著」（著）與「在」（豎立）的讀音分別爲 tioh8 與 tshai7。此外，（2a）與（2b）
　　　　中的「對（tui3）」其後面的「著」爲作者所加。

b. 甘蔗嫂 雙手 <u>對（tui3）</u> （著） 警員 一直 拜（TA）

甘蔗嫂 雙手 對 （著） 警員 一直 拜

「甘蔗嫂雙手對（著）警員一直拜」

（3）爸爸 <u>對（tui3）</u> 台北 轉來 （AU）

爸爸 FROM 台北 回來

「爸爸從台北回來」

「**按**」

（4）伊 <u>按</u> 椅仔 頂 爬 起來 （TA）

他 FROM 椅子 上面 爬 起來

「他從椅子上面爬起來」

「**自**」

（5）<u>自 麥寮 起 到 崙仔頂</u>，路邊 真濟 人 搭 布篷 做 喪事（TA）

FROM 麥寮 起 到 崙仔頂 路邊 很多 人 搭 帳棚 辦 喪事

「從麥寮起到崙仔頂，路邊很多人搭帳棚辦喪事」

「**從**」

（6）*爸爸 <u>從（tsing5）／從（tsiong5）</u> 台北 轉來（AU）〔註3〕

爸爸 FROM 台北 回來

「爸爸從台北回來」

　　從上述的例子可以發現，「對（ui3）」、「對（tui3）」、「按」與「自」在獨自使用時可以指稱空間概念，而「從（tsing5）」與「從（tsiong5）」則無此概念化功能。以（1）為例，「對（ui3）」與其賓語所構成的介詞組指稱事件的空間起點，該事件涉及事物的運動並且由「傳落來」此一述語核心來指涉。其次，在（5）的例子中，雖然「自」與「到」一起搭配來標示情境所在的空間區間，因而弱化了空間起點概念，但是在某種程度上其仍然指稱著空間起點概念，用以標示情境發生的空間起點，這可由「自」－介詞組後面所搭配的副詞，即「起」得知。此外，（6）的例子顯示在母語使用者的語感中，「從（tsing5）」與「從（tsiong5）」並不能指稱空間起點概念。值得說明的，

〔註3〕在「台語文語詞檢索」語料庫中並沒有出現這類型的語例，並且母語使用者也無法接受這樣的句子。

「對（tui3）」單獨使用為動詞時，其具有指稱「面對」或「對著某個目標」的動作概念，分別如（2a）與（2b）的例子所示。具體而言，由於「面對」或「對著某個目標」的動作概念須在具體的空間中發生，因此其與介詞用法一樣涉及到空間概念。

就上述的第二個差異而言，依據我們對「台語文語詞檢索」語料庫所作的量化統計，我們發現臺灣閩南語時間起點介詞在指稱空間概念的頻率上存在著顯著的差異，如下表所示：

表 5.1　時間起點介詞指稱空間概念的頻率差異

	對 （ui3）	對 （tui3）	按	自	從 （tsing5）	從 （tsiong5）
指稱動詞性空間概念的語例總數／頻率	0／0%	3／0.6%	0／0%	0／0%	0／0%	0／0%
引介介詞性空間概念的語例總數／頻率	269／53.8%	263／52.6%	81／16.2%	2／0.4%	0／0%	0／0%
引介介詞性時間概念的語例總數／頻率	29／5.8%	34／6.8%	5／1%	104／20.8%	49／31.8%	26／5.2%
指稱其他概念的語例總數／頻率〔註4〕	202／40.4%	234／46.8%	414／82.8%	394／78.8%	105／68.2%	474／94.8%
語例總數／頻率合計	500／100%	500／100%	500／100%	500／100%	154／100%	500／100%

從表 5.1 的統計結果可以發現，臺灣閩南語時間起點介詞可以根據其指稱空間概念的頻率差異分成三個群組，分別為「對（ui3）」／「對（tui3）」、「按」與「自」／「從（tsing5）」／「從（tsiong5）」。在這三個群組中，「對（ui3）」／「對（tui3）」在指稱空間的概念上具有最高的出現頻率（53.8%／53.2%），而「自」／「從（tsing5）」／「從（tsiong5）」（0.4%／0%／0%）則具有最低的出現頻率，至於「按」的出現頻率則介於二者之間（16.2%）。此外，如果納入指稱時間起點概念的頻率來看，我們可以發現「對（ui3）」、「對（tui3）」與「按」指稱空間概念的頻率都遠高於指稱時間概念的頻率，

〔註4〕此欄位中的「指稱其他概念的語例」涵蓋幾種類型的語料：（一）語例缺乏明確的意義而無法確定其指稱的概念類型。（二）語例指稱不涉及空間或時間的抽象意義。（三）語例雖然具有空間意義但是卻只能出現在複合詞、慣用語或引用自古代文獻的古漢語之中，而無法單獨使用。

因此都可以被視爲是空間概念取向的時間起點介詞。再者，「自」、「從（tsing5）」與「從（tsiong5）」指稱時間概念的頻率都遠高於指稱空間概念的頻率，因此都可以被視爲是時間概念取向的時間起點介詞。個別來看，「自」與「從（tsing5）」指稱時間概念與空間概念的頻率差異較大，顯示「自」與「從（tsing5）」在時間概念取向的時間起點介詞中，具有較高的典型性。

5.2 「對（tui3）」的空間概念結構

5.2.1 空間概念結構

如同前面表 5.1 所呈現的量化分析結果，「對（tui3）」具有指稱涉及空間概念的動詞用法，並且我們發現「對（tui3）」具有多義性，如下面的例子所示：

　　1.「面對」

（7）我　時常　對（tui3）著　天邊　的　雲影　恬恬仔　思考（TA）
　　　我　時常　面對　　著　天邊　的　雲影　靜靜地　思考
　　　「我時常對著天邊的雲影靜靜地思考」

　　2.「對著某個目標」

（8）大門　拄仔好　對（tui3）著　路（AU）
　　　大門　剛好　　對　到　路
　　　「大門剛好對到馬路」

從上面的例子可以知道，在指稱具體事件的範圍內，「對（tui3）」的動詞用法有「面對」與「對著某個目標」等二種主要的意義，分別如（7）與（8）的例子所示，其中前者所指涉的動作涉及到以人類的臉部對著某個目標，因此「人類的臉部」在此義項中是一個必要的語意成分，而後者所指涉動作並不必然涉及到以人類的臉部來對著某個目標，因此「人類的臉部」在此義項中並不是一個必要的語意成分。具體而言，在（7）的例子中，「對（tui3）」都可以搭配表示動作所產生狀態持續存在的動詞補語，「－著」（著），並且在句子中與另一個動詞組組成連動式結構以擔任述語的語法角色，因此是一種動詞用法。在語意的層面上，在（7）的例子中，「對（tui3）」

都具有「面對」的現代漢語釋義，並且可以和臺灣閩南語的另一個詞彙，即「面對」（面對）相互替換，顯示其具有「面對」的語意。在（8）的例子中，「對（tui3）」可以搭配表示動作達到某種結果或狀況的動詞補語，「－著」（到），並且在句子中單獨擔任述語，因此也是一種動詞用法。除了單獨作為動詞的用法外，「對（tui3）」充當結果式複合動詞（RVC）的動詞成分時也會顯現出「對著某個目標」的動詞語意，如下面的例子所示：

（9）中國　每日 用 一百粒 飛彈 <u>對（tui3）</u>準 臺灣（TA）
　　　中國　每日 用 一百顆 飛彈　　　對準　　臺灣
　　　「中國每日用一百顆飛彈對準臺灣」

　　　與（7）不同的，（8）與（9）中的「對（tui3）」都沒有涉及到「**人類的臉部**」的語意成分，而只涉及到以一個臉部以外的部位或物體對著某一個目標，因而只具有「**對著某個目標**」的語意。

　　　如果從語法化的觀點來看，人類的身體是其用以概念化世界的基礎，例如漢語與英語都以身體的不對稱性為基礎來概念化時間，這種基於身體的體驗性使我們得以建構或理解相對抽象的概念。此外，在身體的各部位中，臉部具有極高的顯著性與特異性，因而是識別一個人時最需依賴的部位，這使得其可以用來換喻整個身體，如現代漢語中可以用「新面孔」來指稱一個組織中的新進人員（曹逢甫、蔡中立、劉秀瑩 2001）。在此基礎上，我們認為具有〔人類臉部〕屬性的「面對」意義在「對（tui3）」的動詞性意義中具有極高的基本性，而不具有〔人類臉部〕屬性的「對著某個目標」意義可被視為是由具有〔人類臉部〕屬性的「面對」意義藉著隱喻的概念化機制擴展而來。概念隱喻將「以臉部對著某個目標」映射至「以臉部以外的部位或物體對著某個目標」，這種奠基於身體或物體等不對稱結構的概念隱喻產生了「人」→「**物體**」的概念擴展。

　　　在上述的基礎上，「對（tui3）」在共時層面的原始意義乃是指稱「面對」的動作概念，其意象圖式可以用下圖來表示：

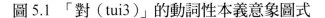

圖 5.1　「對（tui3）」的動詞性本義意象圖式

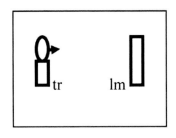

在圖 5.1 中，射體（tr）上的箭號用以指出臉部所面對的方向，而陸標（lm）則代表射體所面對的物體。根據日常的一般經驗，人體通常以水平的角度來面對人或物體，因此在典型的「面對」概念中，射體與陸標通常具有水平向度的空間對映關係。

「對（tui3）」的「面對」意義除了可以擴展出同樣指稱具體動作的「對著某個目標」外，其尚可以藉由概念隱喻或換喻的認知機制擴展出較為抽象的動詞性意義。具體而言，由於敵對雙方對峙時通常以相互面對的方式進行，藉由換喻的機制，此相關性使「面對」進一步擴展出「對立」的動作概念，只是此概念大都只能在複合詞中出現，如「對立」（對立）、「敵對」（敵對）、「對抗」（對抗）與「死對頭」（死對頭）等例子。再者，「對著某個目標」具有「射體對準充當參考點的陸標，以使二者位在相同的直線軌跡上」的概念結構，因此藉由概念隱喻的識解運作，此具體的概念結構可以映射至「抽象事物以某種規範為參照點，以使二者取得一致性」的抽象概念結構而產生「校正」的動詞性意義，如「校對」（校對）、「對時」（對時）與「伊當咧對時鐘」（他正在調整時鐘的時間）等例子。此外，當「校正」隱喻映射至感官領域時，其擴展出「食物的味道與人的感官喜好取得一致性」的概念結構而產生「適合」的動詞性意義，並且此概念與「對抗」一樣，大都只能在複合詞中出現，如「對路」（合胃口）與「對味」（合胃口）等例子。

由於「面對」意義與「對著某個目標」意義都涵蘊對象或目標的存在，因此在概念相關性的基礎上，藉由換喻的認知機制，這二種動詞語意都有可能擴展出引介動作空間目標或終點的介詞性語意，並進而擴展出引介動作時間目標或終點的介詞性語意，如下面的例子所示：

（10）我 共 櫥仔門 扭 <u>對（tui3）雙爿邊</u> （TA）

我 把 櫥門 拉 TO 兩邊

「我把櫥門拉向兩邊」

上例（10）中的「對雙爿邊」指稱的是動詞賓語「櫥仔門」從某個出發點被移往目的地「雙爿邊」，因而此處的「對（tui3）」具有引介動作空間目標或終點的介詞性語意。「對（tui3）」的介詞化歷程涉及到二種概念化機制，分別為動態注意與換喻。動態注意乃是指由順序掃描轉換為總體掃描或由總體掃描轉換為順序掃描的概念化能力，在「對（tui3）」的概念化過程中，這種能力把由射體與陸標相互作用所形成的動態事件轉變為射體與陸標間所存在的靜態關係。再者，「對（tui3）」的介詞化歷程也涉及到換喻的認知機制，這種機制將概念結構中的凸顯區域由整個事件轉移至事件中的射體與陸標。由於在動態事件或靜態關係中，陸標都具有對象性或終點性，因而藉由凸顯區域的轉移，我們可以形成目標或終點的語意而產生「引介空間終點」的介詞性空間概念。

此外，「對（tui3）」的介詞化歷程還可以從主觀化的角度來解釋。主觀化的其中一種機制就是射體對動作控制力的減弱（Langacker 2000；李福印2008）。在此基礎上，「對（tui3）」由動詞語法化為介詞的歷程涉及到射體對動作控制力的弱化。在動詞的概念結構中，射體對陸標施加動作，顯示射體對動作具有控制力，因而能實際對陸標產生動作。然而在介詞的概念結構中，射體對陸標並沒有實際產生動作，顯示射體對動作缺乏控制力。在此概念結構中，射體沿著主觀心理上的路徑到達陸標以執行述語核心所指稱的動作，由於該陸標同時是射體移動與主要動作施行的目標，因而具有較高的凸顯性。

就介詞性空間語意的擴展而言，由於動作的目標或終點是路徑圖式的一部分，其通常涵蘊路徑的存在，因此終點與路徑之間存在著相關性。在此基礎上，藉由換喻的機制，「對（tui3）」可以將凸顯區域從終點轉移至路徑，因而得以由「引介空間終點」擴展出「引介空間路徑」的介詞性語意。再者，在路徑圖式中，路徑與空間起點亦具有鄰近性，因此藉由換喻機制，「對（tui3）」可以再將凸顯區域從路徑移轉至起點，使得「引介空間路徑」又可擴展出「引介空間起點」的概念。在此基礎上，「對（tui3）」的介詞性空間語意具有多義性，如下面的例子所示：

（11）a. 早起，管區　對（tui3）我　遐　過　（TA）

　　　　早上　警察　　BY　我　那裏　經過

　　　　「早上，警察從我那裏經過」

　　b. 阿卿　對（tui3）簏袋仔　搣　棉仔紙　予　阿鸞　（TA）

　　　　人名　FROM　口袋　掏　棉紙　給　人名

　　　　「阿卿從口袋掏棉紙給阿鸞」

　　上例（11a）中的「對我遐」指稱的則是主語「管區」移動至某個目的地的路徑，並且此路徑剛好從說話者的居住地經過。（11b）中的「對簏袋仔」指稱的是動詞賓語「棉仔紙」移動至目的地「阿鸞」的出發點。值得一提的，「對（tui3）」出現在動詞之後時，其只能指稱運動的路徑或終點，分別如「風走對窗仔門入來」（風從窗戶吹進來）與「伊規個人摔對山坑落去」（他整個人摔向山坑下去）所示，反之，當「對（tui3）」出現在動詞之前時，其可以指稱起點、路徑或終點，分別如（11b）、（11a）與「車對山裡直直起哩」（車往山裡一直上去）的例子所示。這種不對稱現象顯示當對映射空間起點概念時，其遵循著「時間順序原則」（Principle of Temporal Sequence；PTS）（Tai 1985），而在映射路徑及終點概念時則否。再者，「對（tui3）」的這種特性也藉由隱喻機制映射至時間域，使得其亦遵循著相同的原則來概念化情境的時間起點。

　　「對（tui3）」在介詞性空間意義上的多義性尚可以從概念化的觀點來加以詮釋。根據本文的第三章所述，Croft and Cruse（2004）將語意的概念化等同於識解運作，而語意所涉及的識解運作可區分成四種類型，分別為注意／顯著性、判斷／比較、視角／立場與構造／完形。其中，注意／顯著性是指控制注意力焦點的認知能力，其包含有被稱為「選擇」（selection）的認知能力。此認知能力是指將注意力放在經驗中與我們的目的相關的部分而忽略其他部分的能力，如凸顯與換喻等認知能力。此外，我們可以使用另一種識解能力，即意象圖式，作為一種用來定義語義的概念結構或背景框架，藉由凸顯與換喻的策略，我們可以從意象圖式中提升某個特定實體的顯著性來產生語言形式的指涉（designation）或語義（Langacker 1987）。在 Croft and Cruse（2004）、Langacker（1987）、Johnson（1987）與 Lakoff（1987）的基礎上，「對（tui3）」在空間上的多義性可以被視為是肇因於在同一個背景框架上凸顯不同的組成成分。換句話說，用來充當「對（tui3）」背景框架的意象圖式

是由一個射體、一條路徑與三個陸標（陸標 1、陸標 2 與陸標 3）所組成，其中射體由陸標 1 出發，經由通過陸標 2 的路徑到達陸標 3 所在的運動終點。其中，陸標 2 的凸顯並非必要，亦即藉由陸標 1 與陸標 3 即可識別二者之間的路徑，因而並不一定需要額外的顯著參照點來識別路徑。此三者形成一個路徑圖式，藉由凸顯圖式中的不同組成成分，「對（tui3）」得以指稱起點、路徑與終點等多種意義。

再者，由於意象圖式是一種高度抽象化與理想化的概念表徵，為了詮釋複雜的語言現象，其允許變體的存在，因此「對（tui3）」的意象圖式根據射體、路徑與陸標之間的關係可以形成一些變體，如下面的例子所示：

（一）陸標 2 與路徑的關係

A. 射體的路徑與陸標 2 有實質上的接觸，如：

（12）有 一隻 狗 咬 一塊 肉，<u>對（tui3）　橋頂</u>　過 （TA）
　　　有 一隻 狗 咬 一塊 肉　 THROUGH 橋上 通過
　　　「有一隻狗咬一塊肉，從橋上通過」

B. 射體的路徑與陸標 2 沒有實質上的接觸，如：

（13）有 人 <u>對（tui3）我 身邊</u>　衝過 （TA）
　　　有 人　 BY　 我 身邊 衝過去
　　　「有人從我身邊衝過去」

（二）陸標 2 與陸標 3 的關係

A. 陸標 2 與陸標 3 不具有「部分－整體」的關係，如：

（14）伊 <u>對（ui3）</u> 樹縫 看 <u>對（tui3）</u>阿賓 佇　睏　的 所在 （TA）
　　　他 THROUGH 樹縫 看　　 TO　 阿賓 在 睡覺 的 地方
　　　　　（陸標 2）　　　　　　　　　　　（陸標 3）
　　　「他從樹縫看向阿賓在睡覺的地方」

B. 陸標 2 與陸標 3 具有「部分－整體」的關係，如：

（15）有 一張 電報 <u>對（tui3）</u> 門縫　 㧣 入來 （房間）（TA）
　　　有 一張 電報　 THROUGH 門縫 穿 進來 （房間）
　　　　　　　　　　　　　　（陸標 2）　　（陸標 3）
　　　「有一張電報從門縫穿進來」

（三）陸標 2 不存在，如：

（16）伊 <u>對（tui3）巷路</u> 直直 行 落去（TA）

　　　他　　ALONG　　巷子　直直　走 下去

　　　「他沿著巷子一直走下去」

在上述的基礎上，我們可以進一步分析「對（tui3）」其起點、路徑與終點意義在分布頻率上的差異，分析的結果如下表所示：

表 5.2 「對（tui3）」在空間意義上的分布頻率差異

	起 點	路 徑	終 點	合 計
語例數量	66	32	165	263
分布頻率	25.1%	12.2%	62.7%	100%

從表 5.2 可以發現，「對（tui3）」在空間意義上以引介終點概念的分布頻率最高，依次為起點與路徑，並且引介起點與路徑概念的分布頻率都與終點意義有顯著的落差。此表的統計結果顯示「對（tui3）」在空間的多義性上是一種終點取向的介詞，與其在時間意義上的取向完全相反。此外，由於「對（tui3）」的空間終點意義較接近其動詞性本義，因此「對（tui3）」的空間終點意義其產生時間應較起點與路徑概念來得早。在此基礎上，表 5.2 的分析結果顯示「對（tui3）」的空間終點意義並沒有因為產生的時間較早而減弱或消失，其反而在「對（tui3）」的語意網絡中佔據著最核心的位置並且具有最高的普遍性。就介詞性空間意義的多義性來說，「對（tui3）」的終點意義可以被視為是透過換喻的概念化機制而在同一個認知域內進行概念擴展。根據 Croft and Cruse（2004）所定義的換喻識解，「對（tui3）」的終點意義其背後的意象圖式可被視為是經常使用的一種概念凸顯，而起點意義與路徑意義的形成則是肇因於換喻識解分別凸顯射體運動的起點與路徑以取代原來的終點凸顯，藉以進行概念的擴展，如下圖所示：

圖 5.2 「對（tui3）」在介詞性空間意義的概念化歷程

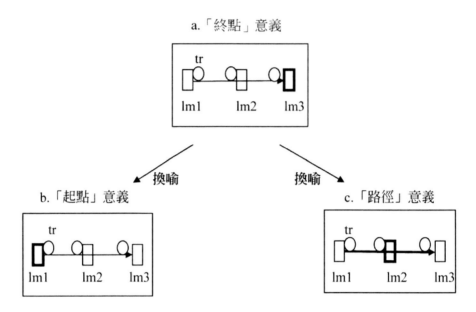

a.「終點」意義

b.「起點」意義

c.「路徑」意義

　　從語法化的觀點而言，動詞性本義可能會滯留（Persistence）在由本義擴展出的其他意義之上，亦即語法化過程中所產生的意義可能會保留著語法化根源，即動詞性本義的某些語意成分。就此議題而言，我們發現「對（tui3）」的介詞性空間意義仍然保留著動詞性本義的某些語意特徵，因而符合語法化理論的研究觀點。具體而言，從前面圖 5.1 所示的意象圖式可以看出，「對（tui3）」的動詞性本義，即「面對」的概念結構具有二種特徵：水平性與面對性。就水平性而言，基於人類的身體構造與地球重力的作用，在最自然的狀態下，人類的臉部通常是以水平的角度來面對別人或其他物體。這種水平向度的面對方式並非是獨特的動作方式，而是人類自然運動方式的其中一個事例。由於人體構造與地球重力的作用，人類通常在同一個平面以水平的向度進行移動，因此水平方向的運動是人類在物理世界最自然的移動方式。水平動作與垂直動作的最大區別在於前者的起點與終點位在同一個水平向度的平面之上，而後者則位於同一個垂直向度的平面之上。在臺灣閩南語中，某些動詞補語被用來分別標示垂直向度與水平向度的動作，如「摁<u>落去</u>」（打（耳光）下去）／「攕<u>落</u>」（插下去）／「挺<u>起來</u>」（撐起來）等都指稱垂直向度的動作，而「軋<u>過去</u>」（輾過去）／「迒<u>過</u>」（跨過）／「抨<u>過來</u>」（扔

過來）等則指稱水平向度的動作。除了使用動詞補語來區別外，某些與「對（tui3）」共現的述語動詞也具有區別垂直性動作與水平動作的語意功能，分別如「對彼條路起哩」（從那條路上去）/「對自動車落來」（從汽車上下來）/「落〔註5〕對塗腳去」（掉到地上）與「對我遐過」（從我那裏經過）/「行對電話邊」（走向電話旁邊）/「對伊講」（對她說）等。就後者的例子而言，指稱人體移動的運動動詞，如「行」（走）、「走」（跑）、「巡」（巡視）與「踅」（逛；遛達）等大都指稱水平向度的移動，畢竟這是人類普遍的移動方式。此外，基於人類的言語溝通方式，言談動詞，如「講」（講；說）亦具有水平性。再者，從「對（tui3）」的賓語也能辨認動作的向度性，如「照對頂頭」（照向上面）/「爬對頂懸去」（爬往上面去）/「潑對塗腳」（潑向地上）等都具有垂直性，而「對便所門入去遐」（從廁所門進去那裏）/「對腰攬咧」（從腰部摟著）/「對房間入去」（往房間進去）/「扭對雙爿邊」（拉向兩邊）等則具有水平性。從後者的例子可以發現，基於房屋的建造方式與身體的結構及認知功能，房屋的部件，如門窗及房間、身體的部位，如腰部與以身體結構為參照點的方位，如左右與前後等大都具有水平向度的涵蘊。根據上述的辨別方式，我們對「台語文語詞檢索」語料庫進行量化分析，在以 500 筆語例為分析範圍的條件下，我們發現「對（tui3）」在與水平動作及垂直動作的共現頻率上存在著顯著的差異，如下表所示：

表 5.3 「對（tui3）」與水平動作及垂直動作的共現頻率

	共 現 數 量	共 現 頻 率
水平動作	152	57.8%
垂直動作	53	20.2%
其他〔註6〕	58	22%
合計	263	100%

從表 5.3 可以發現，「對（tui3）」與水平動作的共現頻率遠高於垂直動作，顯示其在與水平動作與垂直動作的共現傾向上具有極大的差異，這一方面除了反映出「對（tui3）」其水平動作在人類動作中的普遍性外，另一方面也反映「對（tui3）」其動詞本義的水平性特徵在介詞性空間語意上滯留的可

〔註5〕讀音為 lak4。
〔註6〕此欄位所包含的語例通常無法明確斷定其所指稱的動作類型。

能性。此外，表 5.3 也顯示「對（tui3）」在相當程度上也與垂直動作共現，反映出「對（tui3）」的介詞性空間語意範圍已涵蓋引介垂直動作的起點、路徑與終點的功能，而不只局限於引介水平動作的概念成分，顯示臺灣閩南語在介詞層次並沒有針對水平動作與垂直動作的差別進行嚴格的語意分工。

另一方面，就面對性而言，在圖 5.1 所示的意象圖式中，「對（tui3）」的動詞性本義涉及到以人類的臉部去面對別人或其他物體，因此具有面對性的語意特徵。如同水平性一樣，面對性的語意特徵也會滯留在「對（tui3）」的介詞性空間語意之中，如下面的例子所示：

（17）a. 阿鶯　身軀　向〔註7〕　對（tui3）窗仔門　　（TA）
　　　　阿鶯　身體　面對　　　TO　　　窗戶
　　　　「阿鶯身體朝向窗戶」

　　　b. 到今　　毋愛　舅爺　對（tui3）別人　講　　（TA）
　　　　到現在　不要　舅爺　　　TO　　　別人　講
　　　　「到現在還是不願意舅爺對別人說」

（17）的例子顯示，「對（tui3）」指稱引介動作目標的介詞性語意時，其可以與「向」（面對）及「講」（說）等二個動詞共現。其中，雖然（17a）的主語並非指稱人類的臉部，但是當其與「向」（面對）搭配時，即會同時涵蘊主語的臉部亦面對著動詞賓語所指稱的物體。由於「向」（面對）所指稱的動作通常同時具有面對性與水平性，因此（17a）除了再次驗證「對（tui3）」的介詞性空間語意具有水平性的特徵外，其亦顯示「對（tui3）」的介詞性空間語意具有面對性的語意特徵。相同的，在（17b）中與「對（tui3）」搭配的「講」（說），其也具有面對性與水平性的語意屬性。具體而言，在一般的情形下，人通常採用水平角度的面對面方式來與別人進行交談，因此「對（tui3）」與「講」（說）的共現顯示「對（tui3）」的介詞性空間語意同時具有面對性與水平性的語意屬性〔註8〕。

5.2.2 以空間起點爲基礎的時間概念化

根據本文第四章的論述，「對（tui3）」除了具有空間意義外，尚具有時間

〔註7〕此處的「向」讀爲 ng3。
〔註8〕我們將在後續的章節說明「對（ui3）」與「按」的介詞性空間語意並沒有同時擁有這二種語意屬性。

意義，如下面的例子所示：

（18）<u>對（tui3）今仔日</u> 我 欲 逐日 替 多馬 祈禱（TA）

　　　FROM　　　今天　我 要 每天 替 人名 祈禱

　　　「從今天起，我要每天替多馬祈禱」

　　　（18）的例子顯示，「對今仔日」指稱主語我開始每天爲賓語「多馬」祈禱的時間點是今天，因此具有時間意義。「對（tui3）」的時間意義與空間意義在多義性上有所不同，即相較於「對（tui3）」的空間意義可以表示物體運動的起點、路徑與終點，其時間意義只能表達情境的時間起點，而不能表達情境的時間歷程與終點。從時空隱喻的觀點來看，「對（tui3）」的時空隱喻只牽涉到向度性的空間結構成分而沒有涉及其他的成分。具體而言，「對（tui3）」用以映射至時間域的空間基礎乃是涉及一個射體由一個充當起點且被凸顯的陸標往另一個充當終點的陸標運動所形成的單向度軌跡，並且此一凸顯的起點藉由概念隱喻映射至同爲單向度的時間起點之上。由於空間概念結構最多可以具有三個向度，因此「對（tui3）」只以單一向度，即長度來與時間概念結構進行跨認知域的映射顯示「對（tui3）」的時空隱喻遵循著「不變異原則」（The Invariance Principle）（Turner 1990；Lakoff 1993）。

　　　然而，在「對（tui3）」的三種空間意義中，可以隱喻擴展至時間域來指稱情境時間起點的介詞性空間意義並非是較接近動詞本義的空間終點概念，而是由空間終點概念換喻而來的空間起點概念。此換喻機制即是透過選擇識解運作中的換喻機制來進行的，我們可以使用下圖來呈現「對（tui3）」其時空多義性的形成歷程：

圖 5.3 「對（tui3）」時空多義性的形成歷程

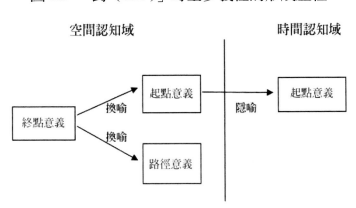

　　此外，我們認為「對（tui3）」所涉及的概念隱喻具有體驗性。在前節所述的基礎上，「對（tui3）」在概念隱喻上的體驗性表現在二個方面：首先，依據我們在空間運動上的經驗，移動時的空間出發點即是移動事件的時間起點。其次，空間運動的起點可以使用說話者所在位置做為參照點來指稱，因此伴隨著空間運動起點的時間起點也可以使用說話者說話時的時間做為參照點來指稱。這種時空隱喻上的體驗性一方面使得對在時間上可以指稱出現於過去、現在或未來的起點，因而具有下圖所示的時間概念結構〔註9〕：

圖 5.4　「對（tui3）」的時間概念結構

過去／現在／未來

　　另一方面，概念隱喻的體驗性觀點也可以支持我們在圖 5.3 中所描述的概念化歷程，即空間起點與時間起點之間所產生的隱喻映射不容易發生在空間路徑／終點與時間起點之間，因為如此將缺乏認知上的體驗性基礎。

　　值得再次說明的，圖 5.4 顯示「對（tui3）」除了具有時間起點意義外，尚涵蘊時間的延續〔註10〕。此種特性乃是來自於其空間概念結構的特徵。在前面圖 5.2b 所示的意象圖式中，射體運動的起點必須以路徑與終點作為基底結構來進行凸顯，藉由路徑圖式特徵與完形心理學的認知作用，此空間運動的起點可以涵蘊運動路徑的存在或運動事件的持續，並且此種特性亦可隱喻映射至時間域中而產生情境持續的語意涵蘊。在此基礎上，空間起點、路徑與終點間的涵蘊關係藉由概念隱喻映射至時間域中而產生情境持續的語意涵蘊。此外，如果從語法化的觀點來看，我們發現「對（tui3）」在空間與時間上的隱喻映射呈現出獨特性。根據語法化的觀點，概念隱喻是一種語法化歷程，而涉及語法化的概念通常具有體驗性與普遍性，並且二者呈現正向的關聯，亦即概念的體驗性通常會使其產生普遍性，而使指稱該概念的詞語具有較高的使用率。然而，這樣的觀點卻無法說明「對（tui3）」的時空語法化。在「對（tui3）」的時空語法化中，其引介的空間終點概念雖然是一種人類的

〔註 9〕 本文以單箭頭橫線與垂直實線分別表示時段與時間起點／終點。粗體的垂直實線表示被凸顯的時間起點／終點。

〔註10〕 對此可參照本文第四章中的論述。

基本經驗並且具有很高的普遍性或使用率，但是其並不具有可以隱喻映射至時間起點概念的體驗性。相反的，「對（tui3）」的起點概念雖然普遍性較低，但是因其具有可以隱喻映射至時間起點概念的體驗性，因此可以隱喻擴展至時間域來產生時間起點概念。「對（tui3）」這種在時空語法化上的特異性顯示概念在空間域中的體驗性或經驗上的基本性雖然會使其產生普遍性，但是並不保證該概念可以進行隱喻映射，只有當空間域中的體驗性允許我們的認知產生時間推理時，隱喻映射才能發生。在上述的基礎上，我們可以知道能讓認知產生時間推理的體驗性才是產生時空語法化的關鍵因素。更具體的說，由於「對（tui3）」所指稱的空間終點概念凸顯的是物體移動的終點，並且由於物體在空間上運動的終點通常不是運動事件發生的地點，因此語言使用者無法由此推理出時間起點概念。儘管如此，「對（tui3）」其由空間終點概念所擴展產生的空間起點概念仍然可以做為時空隱喻的空間基礎，使得「對（tui3）」一方面在語意上延伸出時間概念，另一方面在語法上可以與副詞「就」、「起」或「開始」共現。

綜合本節所述，我們可以在共時層面歸納出「對（tui3）」由動詞性本義擴展至引介時間起點的概念化歷程，如下圖所示：

圖 5.5 「對（tui3）」產生時間起點的概念化歷程

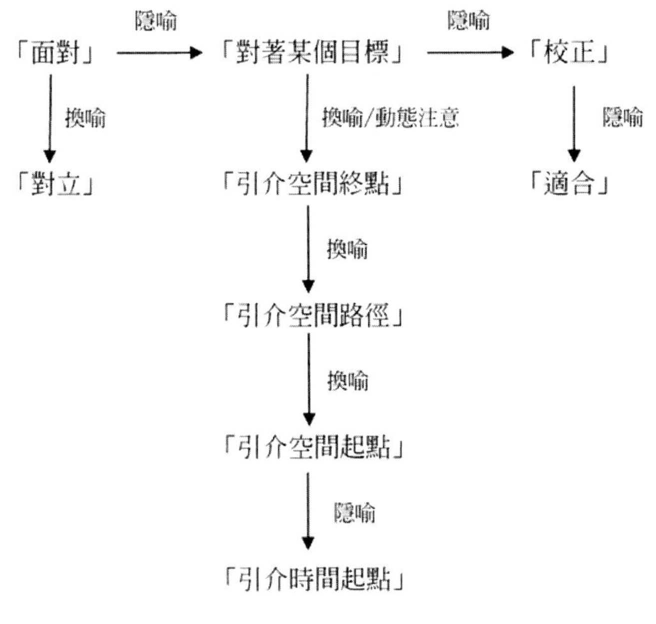

5.3 「對（ui3）」的空間概念結構

5.3.1 空間概念結構

　　臺灣閩南語的時間起點介詞「對（ui3）」具有三種顯而易見的介詞性空間語意，而不具有動詞性的用法與空間語意。「對（ui3）」的介詞性空間語意分別指稱物體移動的起點、路徑與終點，因此具有多義性，如下面的例子所示：

（19）a. 老爸　對（ui3）嘉義　坐車　來　高雄（TA）

　　　　 爸爸　FROM　嘉義　坐車　來　高雄

　　　　 「爸爸從嘉義坐車來高雄」

　　　b. 伊　拄好　對（ui3）　遮　　過（TA）

　　　　 他　剛好　BY　　這裡　經過

　　　　 「他剛好從這裡經過」

　　　c. 伊　犯勢　就會　對（ui3）　遐　去（TA）

　　　　 他　或許　就會　TO　　那裏　去

　　　　 「他或許就會往那裏去」

　　上例（19a）中的「對嘉義」引介的是主語「老爸」移動至目的地「高雄」的出發點。（19b）中的「對」引介的是主語「伊」移動至某個目的地的路徑，並且此路徑剛好從說話者說話時的所在地經過。至於（19c）引介的則是主語「伊」從某個出發點移動前往的目的地「遐」。此外，與「對（tui3）」相同的，我們也發現當「對（ui3）」出現在動詞之後時，其只能指稱運動的路徑或終點，分別如「伊行對遮過」（他從這裡走過）與「伊摔對海裡落去」（他從海裡摔下去）所示，反之，當「對（ui3）」出現在動詞之前時，其可以指稱起點、路徑或終點，如（19）的例子所示。上述的現象也顯示「對（ui3）」的不同語法位置會影響其空間意義。具體而言，「對（ui3）」在與動詞相對詞序上的不對稱現象顯示當「對（ui3）」映射空間起點概念時，其遵循著「時間順序原則」，因此只能出現在動詞之前，而在映射路徑及終點概念時則不遵循「時間順序原則」，因此「對（ui3）」不限於出現在動詞之後。「對（ui3）」遵循「時間順序原則」來概念化空間起點的特性亦藉由隱喻的機制映射至時間域，使得「對（ui3）」亦遵循著相同的原則來概念化情境的時間起點，如同我們在本文第四章中所作的論述。

從概念化的觀點來看,「對(ui3)」跟「對(tui3)」使用著相同的概念化機制來產生空間上的多義性。「對(ui3)」在空間上的多義性亦可以被視為是肇因於在同一個背景框架上凸顯不同的組成成分,因此「對(ui3)」的三種空間意義與「對(tui3)」一樣具有相同的概念化結構而可以分別用圖 5.2a、b 與 c 的圖式來表示。基於圖 5.2 所示,用來充當「對(ui3)」背景框架的意象圖式亦是由一個射體、一條路徑與三個陸標所組成,並且三者之間的關係形態是射體由陸標 1 出發,沿著經過陸標 2 所在的路徑到達陸標 3。在此背景框架上,「對(ui3)」的起點意義凸顯的是充當射體出發點的陸標 1,路徑意義凸顯的是位於陸標 1 與陸標 3 之間的路徑與充當路徑參照點的陸標 2,而終點意義則是凸顯充當射體移動目的地的陸標 3。其中,陸標 2 的凸顯亦不具必要性,亦即藉由陸標 1 與陸標 3 即可識別二者之間的路徑,因而並不一定需要額外的顯著參照點來識別路徑。

與「對(tui3)」相同的,「對(ui3)」的意象圖式根據射體、路徑與陸標之間的關係可以形成一些變體,如下所示:

(一)陸標 2 與路徑的關係

A. 射體的路徑與陸標 2 有實質上的接觸,如:

(20) 伊 拄好 <u>對(ui3)</u> 遮 踏過 (AU)

　　他 剛好 　FROM 這裡 踏過

　　「他剛好從這裡踏過」

B. 射體的路徑與陸標 2 沒有實質上的接觸,如:

(21) 阿三 專工 <u>對(ui3)</u> 伊 面前 經過(TA)

　　阿三 特地 　　BY 　他 面前 經過

　　「阿三特地從他面前經過」

(二)陸標 2 與陸標 3 的關係

A. 陸標 2 與陸標 3 不具有「部分－整體」的關係,如:

(22) 我 欲 <u>對(ui3)</u> 瑞里 去 山頂 找 畫圖 的 題材(TA)

　　我 要 THROUGH 瑞里 去 山上 找 畫圖 的 題材

　　　　　　　　　(陸標 2)(陸標 3)

　　「我要從瑞里去山上找畫圖的題材」

B. 陸標 2 與陸標 3 具有「部分－整體」的關係，如：

（23）冷風 <u>對（ui3）窗仔門縫</u>　透入來（房間）（TA）

　　　冷風 THROUGH　窗縫　　吹進來　房間

　　　　　　　　（陸標 2）　　　　（陸標 3）

　　　「冷風從窗縫吹進房間」

（三）陸標 2 不存在，如：

（24）　阮的　任務　是　防止　共匪　<u>對（ui3）　海路　來</u>　（TA）

　　　　我們的　任務　是　防止　共匪　　ALONG　海路　過來

　　　　「我們的任務是防止共匪從海路過來」

依據上面所述，雖然「對(ui3)」在介詞性空間意義上的多義性與「對(tui3)」相同，其在空間意義上的分布頻率卻與「對（tui3）」有所差異，如下表所示：

表 5.4　「對（ui3）」在空間意義上的分布頻率差異

	起 點	路 徑	終 點	合 計
語例數量	194	43	32	269
分布頻率	72.1%	16%	11.9%	100%

從表 5.4 可以發現「對（ui3）」在介詞性空間意義上以引介起點概念的分布頻率最高，而引介路徑與終點概念的分布頻率相差不大並且都低於起點意義。此表的統計結果顯示「對（ui3）」在空間的多義性上是一種起點取向的介詞，因而與其在時間意義上的取向一致並且與「對（tui3）」在介詞性空間意義上的終點取向有所不同。此外，根據 Tyler and Evans（2003）的看法，多義性空間介詞所指稱的語意網絡是以一個基本意義（primary sense）為核心所組織而成的。此基本意義在認知上的理想化表徵形成一個意象圖式，稱為原始情境（proto-scene），並且此原始情境可以藉由各種識解運作延伸出其他概念化結構而形成其他意義。在此基礎上，相較於「對（tui3）」可以藉由其動詞性本義來確認介詞性空間意義的原始情境，「對（ui3）」其介詞性空間意義的原始情境卻因為缺乏明確的動詞性本義而較難辨認。然而，利用某些音韻、語法及語意上的線索，我們仍然能夠藉由釐清「對（ui3）」與「對（tui3）」二者之間的語法化或概念化關係來確認介詞性空間意義的原始情境。

　　具體而言，我們從音韻、語法及語意上的線索發現，「對（ui3）」其實是從「對（tui3）」分化而來，亦即二者具有相同的語法化根源。就音韻上來說，根據梁炯輝（2009）的調查，「對（ui3）」與「對（tui3）」在音韻上是由音變所產生的文白讀關係，即前者爲「對」的白讀音，而後者則爲文讀音，換句話說，「對」是「對（ui3）」與「對（tui3）」的本字〔註11〕。此外，相對於「對（tui3）」的音韻結構，「對（ui3）」具有零聲母的特徵，因此二者在音韻上具有聲母丟失的簡化關係〔註12〕。在此基礎上，「對（ui3）」由「對（tui3）」分化而來的看法亦符合音韻變遷上的簡化規律（何大安 1987），因而強化了這種看法的可能性。再者，就語法及語意上來說，我們發現「對（ui3）」與「對（tui3）」在詞語的共現上有某些的相似性與相異性，反映出二者在語意上的分化關係。在相似性方面，根據我們對「台語文語詞檢索」語料庫進行量化分析的結果，在以 500 筆語例爲分析範圍的條件下，我們發現「對（ui3）」在與水平動作及垂直動作的共現頻率上存在著顯著的差異，如下表所示：

表 5.5　「對（ui3）」與水平動作及垂直動作的共現頻率

	共 現 數 量	共 現 頻 率
水平動作	155	57.6%
垂直動作	61	22.7%
其他	53	19.7%
合計	269	100%

　　從表 5.5 可以發現，「對（ui3）」與「對（tui3）」一樣，在與水平動作與垂直動作的共現傾向上具有極大的差異，並且二者在與水平動作及垂直動作的共現頻率上具有相近的比例。此外，表 5.5 也顯示「對（ui3）」在相當程度上也與垂直動作共現，反映出「對（ui3）」與「對（tui3）」的介詞性空間語意範圍都已涵蓋引介垂直動作的起點、路徑與終點，而不只局限於引介水平動作的概念成分。

〔註11〕《在線新華字典》亦標示「對」在閩南語具有 ui3 與 tui3 等二種讀音，顯示其認爲「對（ui3）」與「對（tui3）」具有共同的本字，即「對」。

〔註12〕王力（1980）指出，漢語不送氣的塞音容易失落，如上古漢語的[d]在中古時期失落；廣東台山方言詞彙「刀」的讀音由[tou]演變爲[ou]；雲南玉溪方言詞彙「高」的讀音由[kau]演變爲[au]等例子都符合了聲母的簡化規律。

除了水平性之外，「對（ui3）」與「對（tui3）」一樣也具有面對性的語意特徵，如下面的例子所示：

（25）a. 伊 共 面 向（ng3） 對（ui3）彼邊 去（AU）

　　　他 把 臉 面對 　TO 那一邊 去

　　　「他把臉朝向那一邊」

　　b. 伊 向（hiong3） 對（ui3） 咱 遮 來（TA）

　　　他 面向 　TO 我們 這裡 來

　　　「他面向我們這裡」

從（25）的例子可以得知，「對（ui3）」能夠與具有面對性的動詞，即「向（ng3）」（面對）或「向（hiong3）」（面對）共現來引介動作的終點或目標，顯示「對（ui3）」具有面對性的語意特徵。然而與「對（tui3）」不同的，「對（ui3）」不能與另一個具有面對性的動詞，即「講」（說）共現，如下面的例子所示：

（26）a. *你 敢 有 對（ui3）別人 講 （AU）

　　　你 疑問詞 有 　TO 別人 講

　　　「你有對別人說嗎？」

　　b. *我 猶未 對（ui3）伊 講 這件 事志 （AU）

　　　我 尚未 　TO 他 說 這件 事

　　　「我尚未向他說這件事」

從（26）的例子可以發現，「對（ui3）」不能與言談動詞「講」（說）共現，顯示「對（ui3）」雖然也具有面對性，但是其所具有的面對性卻比「對（tui3）」來的弱。從語法化的觀點而言，「對（ui3）」與「對（tui3）」在語意上的相同性與相異性反映出語意的泛化或抽象化，這種語意的泛化或抽象化在共時的層面上造成「對（ui3）」與「對」的動詞性本義，即「面對」的語意距離較「對（tui3）」來的遠，並且在歷時的層面上反映出「對（ui3）」分化自「對（tui3）」的語法化關係。「對（ui3）」分化自「對（tui3）」的觀點也可以說明為何二者在臺灣閩南語會有不同的語意功能。基於語言的經濟性，「對（ui3）」從「對（tui3）」分化出來後，二者漸漸產生語意上的分工，造成「對（tui3）」傾向於引介空間的終點，而「對（ui3）」則傾向於引介空間的起點，分別如表 5.2 與表 5.4 所示。再者，從本字的角度而言，如果一

個詞彙具有漢語的根源，則其一定會有本字。因此，「對（ui3）」的本字議題具有二種可能性：（一）「對（ui3）」不是漢語，因此不具有本字。（二）「對（ui3）」是漢語，並且與「對（tui3）」具有相同的本字。就這二種可能性而言，（一）的可能性無法解釋爲何「對（ui3）」與「對（tui3）」會有相似的語音、語法及語意表現。至於（二）的可能性不但能夠解釋「對（ui3）」與「對（tui3）」在語音、語法及語意上的相似性，二者的分化關係還能說明「對（ui3）」與「對（tui3）」在語音、語法及語意上的相異性，另一方面也能說明爲何「對（ui3）」沒有動詞用法，而「對（tui3）」卻有。在此基礎上，我們認爲「對（ui3）」與「對（tui3）」具有相同的語意根源。

　　綜合上面的論述，「對（ui3）」亦具有前面圖 5.1 所示的動詞性本義與後續的介詞化過程。根據 Croft and Cruse （2004），換喻識解允許說話者在同一個範域（domain）或範域矩陣（domain matrix）中選擇另一個不同的概念凸顯來取代詞語經常使用的概念凸顯〔註 13〕。在此基礎上，「對（ui3）」所引介的空間終點意義其背後的概念結構可被視爲是經常使用的一種概念凸顯，而起點意義與路徑意義的形成則是肇因於換喻識解分別凸顯起點與路徑以取代原來的終點凸顯，藉以符合語境的需要。值得提醒的是，此換喻識解之所以能夠運作是因爲「對（ui3）」的起點、路徑與終點皆位於同一個範域內，而且此範域由一個射體、一條路徑與二個必要的陸標所組成，如前面的圖 5.2 所示。

5.3.2　以空間起點爲基礎的時間概念化

　　根據本文第四章的論述，「對（ui3）」除了具有空間意義外，尚具有時間意義，例子重複如下：

（27）伊 <u>對（ui3）</u> 國中 開始 就 交 足 濟 朋友（TA）
　　　他　　FROM　　國中 開始 就 交 很 多 朋友
　　　「他從國中開始就交了很多朋友」

　　（27）的例子顯示，「對國中」指稱主語「伊」結交很多朋友的時間起點

〔註 13〕依據 Croft and Cruse（2004）的定義，範域是指一個互相關聯的概念系統，此概念系統充當其內部某個概念凸顯的基底，其內涵等同於意象圖式。範域矩陣則是指一組用來界定某個概念而同時存在的範域。

是就讀國中的時候，因此具有時間意義。值得注意的，「對（ui3）」的時間意義與空間意義在多義性上有所不同，亦即相較於「對（ui3）」的空間意義可以表示物體移動的起點、路徑與終點，其時間意義只能表達情境的時間起點，而不能表達情境的時間歷程與終點。

　　從認知的觀點而言，時間語意被認為是以空間語意為基礎並經由概念隱喻的歷程延伸而來（Clark 1973；Traugott 1978；Lakoff & Johnson 1980；Lakoff 1993；Radden 2003）。Radden（2003）指出，當以空間概念化時間時，我們可以利用空間結構的豐富性來將不同的結構成分隱喻映射至單向度的時間上，而不同的語言其利用空間結構的方式會有所不同。此外，概念隱喻涉及的空間結構成分包括向度性、定位方式、形狀、以觀察者為參照點的空間定位、觀察者看待事物序列的方式與空間中的運動等。就此而言，「對（ui3）」的時空隱喻只牽涉到向度性的空間結構成分而沒有涉及其他的成分。具體而言，在介詞性空間意義的範圍內，「對（ui3）」的介詞性空間起點意義涉及一個射體由一個充當起點且被凸顯的陸標往另一個充當終點的陸標移動所形成的單向度軌跡，並且此一凸顯的起點藉由概念隱喻映射至同為單向度的時間起點之上。由於空間概念結構最多可以具有三個向度，因此對只以單一向度來與時間概念結構進行跨認知域的映射顯示「對（ui3）」的時空隱喻亦遵循著「不變異原則」而與「對（tui3）」相同。

　　再者，我們也可以發現，在「對（ui3）」的三種介詞性空間意義中，只有起點意義可以隱喻擴展至時間意義而引介情境的時間起點，至於路徑意義與終點意義則無法藉由相同的概念隱喻機制來擴展至時間意義，因此我們無法找到「對（ui3）」指稱時間歷程與時間終點的語例。綜合言之，「對（ui3）」一方面藉由換喻機制而從空間終點意義擴展出空間起點意義，另一方面又藉由概念隱喻機制而產生時間的起點意義，因而我們亦可以使用前面的圖 5.3 來呈現其時空多義性的形成歷程。

　　此外，我們也發現「對（ui3）」的時空隱喻亦受到體驗性的制約，因而與「對（tui3）」相同。根據 Tyler and Evans（2003），人類的經驗受到人體與世界互動的制約，而這種體驗性經驗產生了概念結構。此外，藉由體驗性，空間概念結構會產生相關的非空間性結果與推理，導致非空間意義的產生。更具體的說，時間與空間之間的隱喻映射即是一種肇因於體驗性的推理，其使得我們能從空間概念延伸出時間概念。「對（ui3）」在概念隱喻上的體驗性

表現在二個方面：首先，依據我們在空間運動上的經驗，移動時的空間出發點即是移動事件的時間起點。此種體驗性使得我們能夠將「對（ui3）」在空間上的起點概念隱喻映射至時間上的起點。其次，空間運動的起點可以使用說話者所在位置做為參照點來指稱，如下面的例子所示：

（28）a. 伊　欲　<u>對（ui3）遮</u>　出發（AU）

　　　　他 想要　FROM 這裡 出發

　　　　「他要從這裡出發」

　　　b. 伊　欲　<u>對（ui3）退</u>　出發（AU）

　　　　他 想要　　FROM 那裡 出發

　　　　「他要從那裡出發」

　　（28a）中的「對（ui3）遮」表示射體伊出發的地點與說話者的所在位置相同，而（28b）中的「對（ui3）退」則表示射體「伊」出發的地點與說話者的所在位置不同。經由此種空間經驗的隱喻映射，運動事件的時間起點也可以使用說話者說話時的時間做為參照點來指稱，如下面的例子所示：

（29）a. <u>對（ui3）彼 下晡</u> 開始 變天（TA）

　　　　FROM　　那 下午 開始 變天

　　　　「從那天下午開始變天」

　　　b. <u>對（ui3）今仔日</u> 起，我　欲　骨力 打拼（TA）

　　　　FROM　　　今天　 起 我 想要 努力 打拼

　　　　「從今天起，我要努力打拼」

　　　c. <u>對（ui3）後禮拜</u>　起，停止 執行 業務（TA）

　　　　FROM　　　下禮拜 起 停止 執行 業務

　　　　「從明天起，停止執行業務」

　　（29a）與（29c）中的「對彼下晡」與「對後禮拜」分別表示事件的時間起點位於過去與未來，因而與說話者說話時的時間不同。（29b）中的「對今仔日」則表示事件的時間起點位於現在，因而與說話者說話時的時間相同。

　　根據上面所述，空間的體驗性使得「對（ui3）」在時間上可以指稱出現於過去、現在或未來的起點，我們亦可以使用前面的圖 5.4 來表示「對（ui3）」的時間概念結構。 值得再次說明的，「對（ui3）」除了具有時間起點意義外，

尚涵蘊時間的延續〔註 14〕。此種特性乃是來自於其空間概念結構的特徵。在圖 5.2b 所示的意象圖式中，射體運動的起點必須以路徑與終點作為基底結構來進行凸顯，因此空間運動的起點亦涵蘊運動路徑的存在或運動事件的持續，此種特性亦隱喻映射至時間域中而產生情境持續的語意涵蘊。

除了上述的觀點之外，「對（ui3）」在空間與時間上的隱喻映射尚可以從語法化的觀點來加以詮釋。更具體的說，概念隱喻所體現的其實就是一種語法化歷程，亦即語法化的背後涉及到一種藉由具體概念來建構或了解抽象概念的認知機制（Heine et al. 1991；Hopper and Traugott 1993 ）。此外，Bybee（2002）曾指出，在一個語言中，只有少部分的詞語會歷經語法化，而這些詞語通常指稱人類與空間的關係，並且具有經驗上的普遍性。這種現象顯示，所謂的語法乃是奠基於人類經驗中最具體、最基本的面向，亦即語法化也具有體驗性。Bybee（2002）還指出，一個詞語的高出現頻率會導致其意義的泛化，使得該詞語更容易從語境中獲得推理意義，進而促進語法化的發展。我們認為，語法化的體驗性與高出現頻率是相互關聯的。具體的說，一個具有空間意義的詞語由於其指稱的概念具有經驗上的重要性與普遍性，因此該詞語勢必具有較高的使用率。在上述的基礎上，「對（ui3）」由具體的空間概念延伸出抽象的時間概念可被視為是一種語法化現象。這種語法化現象乃是肇因於「對（ui3）」的體驗性與其起點用法的高使用率。更具體的說，由於「對（ui3）」在空間上可以引介物體移動的起點，並且由於物體在空間上移動的起點通常是移動此一事件發生的地點，因此語言使用者可以藉由此一體驗性與「對（ui3）」在空間起點用法上的高使用率推理出時間概念，進而把「對（ui3）」指稱的起點概念由空間認知域擴展至時間認知域，體現出語法化上的意義抽象化過程。

5.4 「按」的空間概念結構

5.4.1 空間概念結構

雖然在我們的語料庫分析範圍中並沒有出現「按」獨自使用為動詞的用例，但是實際上「按」在臺灣閩南語中仍具有獨自使用為動詞的用法，並且

〔註14〕對此可參照本文第四章中的論述。

其動詞用法只具有抽象的語意。以《臺灣閩南語常用詞辭典》中的語例為例，我們可以發現「按」具有「預估」的動詞語意，如下面的例子所示：

（30）你 按 幾桌？ （TA）〔註15〕

　　　你 預估 幾桌

　　　「你預估（宴席）要辦幾桌？」

除了上述的動詞語意及本文所述的介詞性時空語意外，「按」獨自使用為介詞時還具有「按照」的介詞性語意，如下面的例子所示：

（31）一切 攏愛 按 阮 的 規矩 來 行 才 會 使

　　　一切 都 要 按照 我們 的 規矩 來 做 才 可以

　　　「一切都要按照我們的規矩來做才可以」

從（30）與（31）的例子可以發現，「按」的多義性涵蓋「預估」與「按照」等二種語意，但是這二種語意不但較為抽象而且與「按」其引介空間起點、路徑或終點的介詞性語意間並沒有明顯而直接的語意聯繫。因此，為了要了解「按」的介詞化歷程，我們必須從別處找尋線索。

雖然「按」獨自使用為動詞時只呈現出一種語意，但是當其出現在複合詞或慣用語時，則會顯現出多種的動詞用法，如下面的例子所示：

1.「輕壓不動」：按脈（診脈）

2.「抑止」：按兵不動（按兵不動）

3.「擱置」：按下（擱著；暫時不處理）

4.「預估」：按算（預估；打算）

上述的四種動詞語意中，「輕壓不動」的概念結構最為具體，這反映在其必須搭配具體事物來形成事件概念並且其與賓語所指稱的事物間通常具有實質的接觸。「按」的這種動詞性語意並非臺灣閩南語所獨有，在現代漢語中也可以找到相似的例子，如「按鈴」、「按摩」、「按喇叭」、「按壓」與「按脈」等例子。在這些例子中，「按」都具有「往下壓」的語意屬性，其所不同之處只在於動作力量的大小。就現代漢語的「按」而言，具有「往下壓」語意屬性的義項在各種義項中具有最高的具體性，因此可以在共時的層面上被視為是動詞性本義。由於臺灣閩南語與現代漢語的「按」具有共同的本字或語法化根源，因此我們可以預期臺灣閩南語與現代漢語的「按」亦具有相似的動

〔註15〕「TA」表示語例出自教育部的《台灣閩南語常用詞辭典》。

詞性本義。在此基礎上，我們認爲具有「往下壓」語意屬性的「輕壓不動」
是臺灣閩南語「按」的動詞性本義，其具有下圖所示的意象圖式：

圖5.6 「按」的動詞性本義意象圖式

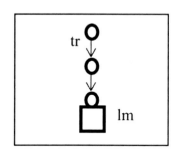

　　從概念化的角度來看，在「按」的動詞性本義，即「輕壓不動」的概念
結構中，射體下壓陸標使其停止或無法運動。此概念結構藉由概念隱喻的機
制可以進一步映射至稍爲抽象的概念域而產生「抑止」的動詞性語意。在「抑
止」的概念結構中，射體以某種間接的方式使陸標停止運動，因而與「輕壓
不動」的概念結構具有相似性。雖然「抑止」所涉及的射體與陸標仍然是具
體的事物，但是二者之間並不具有實質的接觸，因此其具體性低於「輕壓不
動」的動詞性本義。再者，「抑止」的動詞性語意亦可以再映射至更爲抽象的
認知域而擴展出「擱置」的動詞性語意。在此種義項的概念結構中，主事者
以某種方式使某個事件暫時停止進行，因而與「抑止」的概念結構具有相似
性。另一方面，由於「抑止」涉及「使物體暫時停止運動」的概念結構，此
概念藉由概念隱喻可以擴展出「使未知事件暫時不變動」的概念，因而產生
了「預估」的動詞性語意。在此概念隱喻中，「物體的運動」被映射至「未來
事件的不確定性」，而「物體的停止運動」則被映射至「未來事件獲得確定性」，
因此「抑止」與「預估」之間的概念擴展涉及到「不確定就是運動」或「確
定就是停止運動」的概念隱喻。上述的概念隱喻並非臺灣閩南語所獨有，而
是大多數語言都具有的認知現象。首先，在現代漢語之中，分別具有指稱物
體固定不動與物體移動語意的詞素，即「定」與「動」亦可以在複合詞中指
稱確定與不確定的情態語意，分別如「確定」／「一定」與「世事不斷的變
動，讓我們無法預測未來。」等例子。其次，如果從「力動態」（Force Dynamics）
的理論角度來看，英語情態助動詞之所以會同時具有指稱義務性的本義（root

senses；deontic senses）與認知性的語意（epistemic senses），乃是肇因於物理或心理社會領域中其施力者（Agonist）與反施力者（Antagonist）間的力動態關係藉由概念隱喻映射至推理領域（resoning domain）而產生指稱可能性的認知意義或預測意義（Talmy 1981, 1988；Sweetser 1984, 1991）。以英語的情態助動詞 *must* 為例，其義務性意義乃是指稱「權威者施加壓力給弱勢者以驅使後者進行某種動作」，然而藉由概念隱喻的映射，上述意義可以擴展至推理領域而產生指稱「足夠的證據施加壓力給推理者以驅使後者作出某種結論」的認知或預測性意義。在此基礎上，由「抑止」產生「預估」的概念擴展不但符合人類藉由社會與物理等外在領域概念來認知情緒與心理等內在領域概念的傾向，亦具有自然語言的普遍性。

　　除了動詞性的意義外，由於「輕壓不動」的動詞性本義涵蘊動作對象或目標的存在，因此在概念相關性的基礎上，藉由換喻與將順序掃描轉換為總體掃描的動態注意等認知機制，此種動詞語意可以擴展出引介動作空間目標或終點的介詞性語意〔註 16〕。動作空間終點及路徑都屬於路徑圖式的一部分，並且前者總是涵蘊後者的存在，因而在二者具有相關性的基礎上，此種介詞性語意可以再藉由換喻機制擴展出「引介空間路徑」的介詞性空間語意。再者，路徑與空間起點在路徑圖式中亦具有鄰近性，因此「引介空間路徑」可再擴展出「引介空間起點」的語意。「按」在介詞性空間意義上的多義性可以用下面的例子來表示：

（32）a. 伊　按　阿眉 的 喙皮 搧落去 （TA）
　　　　他 TO 人名 的 臉頰 打下去
　　　　「他從阿眉的臉頰打下去」

　　　b. 下晡 的 日頭　　按　　石窗仔 透入來 （TA）
　　　　下午 的 太陽　THROUGH　石窗子 透進來
　　　　「下午的太陽從石窗透進來」

　　　c. 海風　按　　十里外 的　滴仔地 削入　市內 （TA）
　　　　海風 FROM 十里外 的　　地名 吹入　市內
　　　　「海風從十里外的滴仔地吹入市內」

　　上例（32a）指稱的則是主語「伊」將手移動至的目的地「阿眉的喙皮」，

〔註16〕「按」亦具有不涉及空間概念的介詞性語意，即「按照」。

藉以完成「搹落去」所指稱的動作。(32b) 中的「按」指稱的是主語「日頭」移動至某個目的地的路徑，並且此路徑剛好從一個特定的參照點，即「石窗仔」經過。至於（32c）中的「按十里外的湳仔地」指稱的是主語「海風」移動至目的地「市內」的起點。此空間起點並非是客觀或自然存在的，而是取決於說話者主觀的認知。此外，我們也發現當「按」出現在動詞之後時，其只能指稱運動的路徑或終點，分別如「伊毋敢擱斬按甘蔗園裡過」（他不敢再從甘蔗園裡經過）與「伊衝按內面去」（他衝向裏面去）所示，反之，當按出現在動詞之前時，其可以指稱起點、路徑或終點，如前面（32）的例子所示。與「對（tui3）」與「對（ui3）」相同的，「按」在與動詞相對詞序上的不對稱現象顯示當「按」映射空間起點概念時，其遵循著「時間順序原則」，因此只能出現在動詞之前，而在映射路徑及終點概念時則不遵循「時間順序原則」，因此不限於出現在動詞之後。「按」遵循「時間順序原則」來概念化空間起點的特性亦藉由隱喻的機制映射至時間域，使得「按」亦遵循著相同的原則來概念化情境的時間起點，如同我們在本文第四章中所作的論述。

　　「按」在空間上的多義性也可以從概念化的觀點來加以詮釋。與「對（tui3）」及「對（ui3）」相同的，「按」在空間上的多義性可以被視爲是肇因於在同一個背景框架上凸顯不同的組成成分，因而「按」的三種空間意義其背後的概念化結構可以分別用前面圖 5.2a、b 與 c 的圖式來表示。基於該圖式，「按」背景框架的意象圖式亦是由一個射體、一條路徑與三個陸標所組成。在此背景框架上，「按」的起點意義、路徑意義與終點意義分別凸顯充當射體出發點的陸標 1，位於陸標 1 與陸標 3 之間的路徑與射體移動目的地的陸標 3。其中，陸標 2 的凸顯亦不具必要性。「按」的意象圖式根據射體、路徑與陸標之間的關係亦可以形成一些變體，如下所示：

（一）陸標 2 與路徑的關係

A. 射體的路徑與陸標 2 有實質上的接觸，如：

（33）一逝　鳥影　　按　埕　裡　閃過（TA）

　　　一道　黑影　FROM　庭院　裡面　閃過

　　　「一道黑影從庭院裡面閃過」

B. 射體的路徑與陸標 2 沒有實質上的接觸，如：

（34）天送仔 <u>按　厝前</u> 經過（AU）

　　　人名　BY　屋前　經過

　　　「天送從屋前經過」

（二）陸標 2 與陸標 3 的關係

A. 陸標 2 與陸標 3 不具有「部分－整體」的關係，如：

（35）　　<u>按　廟後</u> 彼 區 甘蔗園　斬　短路 去（遐）　（TA）

　　　THROUGH 廟後 那 塊 甘蔗園 橫過 近路 去 那裡

　　　　　　　　　　　　　（陸標 2）　　　　　（陸標 3）

　　　「從廟後那塊甘蔗園抄近路去」

B. 陸標 2 與陸標 3 具有「部分－整體」的關係，如：

（36）下晡 的 日頭　　<u>按　石窗仔</u> 透入來（房間）　（TA）

　　　下午 的 太陽 THROUGH　石窗子　透進來　房間

　　　　　　　　　　　　　（陸標 2）　　（陸標 3）

　　　「下午的太陽從石窗透進來」

（三）陸標 2 不存在，如：

（37）伊　<u>按　樓梯</u> 行 落來（TA）

　　　他 ALONG　樓梯　走 下來

　　　「他從樓梯走下來」

　　根據以上所述，在「按」的介詞性空間意義中，動作的終點或目標概念是擴展出起點意義與路徑意義的根源。然而，在現今的臺灣閩南語中，「按」的動作的終點概念並不具普遍性，這可以從語料庫的量化分析結果得知，如下表所示：

表 5.6　「按」在空間意義上的分布頻率差異

	起　點	路　徑	終　點	合　計
語例數量	49	16	16	81
分布頻率	60.5%	19.75%	19.75%	100%

　　表 5.6 是我們對「台語文語詞檢索」語料庫進行量化分析的結果。從表 5.6 可以發現，「按」在介詞性空間意義上與「對（ui3）」相同，也是以引介

起點概念的分布頻率最高，而引介路徑與終點概念的分布頻率則相差不大並且都低於起點意義。此表的統計結果顯示「按」在空間的多義性上亦是一種起點取向的介詞，因而與其在時間意義上的取向一致。

　　另一方面，「按」其引介路徑意義尚有一個可能的來源。如同前面所言，「按」亦具有「按照」的介詞性語意，我們認為此種語意是從本義「輕壓不動」擴展而來的。具體而言，「輕壓不動」的動作結果涉及主事者以工具緊貼著充當受事者的物體，此種「緊貼」屬性可以藉由概念隱喻擴展至較為抽象的領域，並透過動態注意機制而產生具有遵循性的介詞性語意，即「按照」。再者，當「按照」中的緊貼性擴展至運動概念時，由於運動概念涉及射體由起點開始隨時緊貼著路徑往終點移動，此種相關性藉由換喻機制亦可擴展出「引介空間路徑」的語意。

　　此外，與「對（tui3）」和「對（ui3）」相似的，「按」其動詞性本義的某些語意屬性亦會滯留在介詞性的空間語意之中。就圖 5.6 所示的意象圖式而言，「按」的動詞性本義，即「輕壓不動」涉及由上往下且不牽涉臉部的動作概念，因此具有垂直性與非面對性的語意特徵，並且這種語意屬性與「對（tui3）」和「對（ui3）」所具有的動詞本義屬性，即水平性與面對性不同。雖然與「對（tui3）」和「對（ui3）」不同的，「按」其動詞性本義語意屬性在介詞性空間語意上的滯留並不十分顯著，但是透過間接的比較與觀察，我們仍然可以在「按」其介詞性空間語意上看到動詞性本義的滯留痕跡。首先，根據我們對「台語文語詞檢索」語料庫進行量化分析的結果，我們發現「按」在與水平動作及垂直動作的共現頻率上存在著顯著的差異，如下表所示：

表 5.7　「按」與水平動作及垂直動作的共現頻率（含與「對（tui3）」和「對（ui3）」的比較）

	按		*對（tui3）*		*對（ui3）*	
	共現數量	共現頻率	共現數量	共現頻率	共現數量	共現頻率
水平動作	44	54.3%	152	57.8%	155	57.6%
垂直動作	23	28.4%	53	20.2%	61	22.7%
其他	14	17.3%	58	22%	53	19.7%
合計	81	100%	263	100%	269	100%

　　從表 5.7 可以有二個發現：（一）與「對（tui3）」和「對（ui3）」不同的，

「按」與水平動作的共現率較前二者低，並且其與垂直動作的共現率則較前二者高。（二）「按」與水平動作的共現率仍然遠高於與垂直動作的共現率，這一方面除了反映出水平向度的動作對人類而言具有自然性與普遍性外，另一方面也反映出「按」、「對（tui3）」與「對（ui3）」三者在介詞性空間語意的用法上並沒有根據其動詞性本義所滯留的垂直性進行明確的分工，造成三者都可以分別與水平動作和垂直動作共現。

其次，由於「按」不具有面對性的語意特徵，因此其無法與具有面對性的動詞，即「向（ng3）」（面對）與「講」（說）共現，如下面的例子所示：

（38）a.*春嬌 共 面　向（ng3）按 海邊　去（AU）

　　　　春嬌 把 臉 面對　　　TO 海邊　去

　　　　「春嬌把臉朝向海邊」

　　　b.*阿母 按 我 講 伊 眞 愛 我（AU）

　　　　媽媽 TO 我 說 她 很 愛 我

　　　　「媽媽對我說她很愛我」

從（38）的例子可以得知，「按」不能夠與具有面對性的動詞，即「向（ng3）」（面對）與「講」（說）共現來引介動作的終點或目標，顯示「按」不具有面對性的語意特徵。

綜合以上所述，由於動詞性本義滯留的影響，「按」、「對（tui3）」與「對（ui3）」三者在介詞性空間語意的概念結構上有所差異。具體而言，「對（tui3）」具有較高程度的水平性／垂直性比例與面對性，「按」則具有較低程度的水平性／垂直性比例與面對性，至於「對（ui3）」其水平性／垂直性比例與面對性的程度則介於「對（tui3）」與「按」二者之間。在語法反映語意的基礎上，我們可以根據上述的語意差異歸納出「對（tui3）」、「對（ui3）」與「按」等三個介詞在共現型態上的差異：

（39）「對（tui3）」、「對（ui3）」與「按」的共現型態差異

　　　a.「對（tui3）」：＿＿「講」、＿＿「向（ng3）」

　　　b.「對（ui3）」：*＿＿「講」、＿＿「向（ng3）」

　　　c.「按」：*＿＿「講」、*＿＿「向（ng3）」

（39）所顯示的語法差異一方面反映著「對（tui3）」、「對（ui3）」與「按」的語意差異，另一方面也呈現出「對（tui3）」與「對（ui3）」的語意

關係，即二者都具有面對性，因此可被歸入同一種語意範疇，但是二者在面對性的程度上有所差別，反映出二者之間的分化關係。

5.4.2 以空間起點為基礎的時間概念化

　　根據本文第四章的論述，「按」除了具有空間意義外，尚具有時間意義，例子重複如下：

（40）彼間　戲院　是　<u>　按　　1861 年</u>　開土動工　的（TA）
　　　 那間　戲院　是　FROM　1861 年　開土動工　的
　　　「那間戲院是從 1861 年開土動工的」

　　上面（40）中的「按 1861 年」指稱主語「彼間戲院」開始動工的時間是在西元 1861 年，因此具有引介時間起點的語意功能。與「對（tui3）」和「對（ui3）」相同的，「按」的時間意義與空間意義在多義性上亦有所不同，亦即相較於「按」的空間意義可以表示物體移動的起點、路徑與終點，其時間意義只能表達情境的時間起點，而不能表達情境的時間歷程與終點。

　　就認知的觀點而言，「按」所涉及的時空概念隱喻歷程與「對（tui3）」和「對（ui3）」並沒有明顯的不同。首先，「按」的時空隱喻只牽涉到向度性的空間結構成分而沒有涉及其他的成分。具體而言，「按」的介詞性空間起點概念亦涉及一個射體由一個充當起點且被凸顯的陸標往另一個充當終點的陸標移動所形成的單向度軌跡，並且此一凸顯的起點藉由概念隱喻映射至同為單向度的時間起點之上。由於空間概念結構最多可以具有三個向度並且其可以允許非直線的運動軌跡，因此對其只以單一向度的直線軌跡來與時間概念結構進行跨認知域的映射顯示「按」的時空隱喻亦遵循著「不變異原則」。其次，在「按」的三種空間意義中，只有起點意義可以隱喻擴展至時間意義而指稱情境的時間起點，至於路徑意義與終點意義則無法藉由相同的概念隱喻機制來擴展至時間意義。換句話說，「按」的介詞性空間起點概念才是產生時間概念結構的直接來源。此來源一方面透過換喻的認知識解來形成空間的路徑與終點意義，另一方面藉由概念隱喻以產生時間的起點意義，因此，我們同樣可以使用前面的圖 5.3 來呈現其時空多義性的形成歷程。再者，「按」的概念隱喻基本上亦具有體驗性。「按」在概念隱喻上的體驗性除了表現在「移動時的空間出發點通常即是移動事件的時間起點」的空間運動經驗上之外，亦表現在空間運動與運動事件的時間起點可以分別使用說話者所在位置與說話時

間做為參照點來指稱，如下面的例子所示：

（41）a. 伊　欲　<u>按　　遮</u>　去　學校　（AU）
　　　　他　想要　FROM　這裡　去　學校
　　　　「他要從這裡去學校」

　　　b. 伊　欲　　<u>按　　退</u>　　去　學校（AU）
　　　　他　想要　　FROM　那裡　　去　學校
　　　　「他要從那裡去學校」

（42）a. <u>按　　彼　下晡</u>　開始　變天（AU）
　　　FROM　那　下午　開始　變天
　　　　「從那天下午開始變天」

　　　b. <u>按　　今仔日</u>　起，我　欲　骨力　打拼（AU）
　　　FROM　　今天　起　我　想要　努力　打拼
　　　　「從今天起，我要努力打拼」

　　　c. <u>按　　後禮拜</u>　起，停止　執行　業務（AU）
　　　FROM　下禮拜　起　停止　執行　業務
　　　　「從下禮拜起，停止執行業務」

　　　（41a）中的「按遮」表示射體伊出發的地點與說話者的所在位置相同，而（41b）中的「按退」則表示射體「伊」出發的地點與說話者的所在位置不同。經由此種空間經驗的隱喻映射，運動事件的時間起點也可以使用說話者說話時的時間做為參照點來指稱。至於（42a）與（42c）中的「按彼下晡」與「按後禮拜」分別表示事件的時間起點位於過去與未來，因而與說話者說話時的時間不同。（42b）中的「按今仔日」則表示事件的時間起點位於現在，因而與說話者說話時的時間相同。根據上面所述，空間的體驗性使得「按」在時間上可以指稱出現於過去、現在或未來的起點，因此亦可以使用前面的圖 5.4 來表示其時間概念結構。與「對（tui3）」和「對（ui3）」相同的，「按」的時間概念結構除了具有時間起點意義外，尚涵蘊時間的延續，此種特性同樣來自於其空間概念結構完形特徵的概念隱喻映射。最後，「按」在空間與時間上的隱喻映射也可以從語法化的觀點來加以詮釋。具體而言，「按」其時空隱喻所體現的語法化現象亦是肇因於「按」的體驗性與其起點用法的高使用率。語言使用者藉由此一體驗性與「按」在空間起點用法上的高使用率

推理出時間概念，進而把「按」引介的起點概念由空間認知域擴展至時間認知域，體現出由「空間」擴展至「時間」的語意抽象化過程。

　　綜合本節所述，我們可以在共時層面歸納出「按」由動詞性本義擴展至引介時間起點的概念化歷程，如下圖所示：

圖 5.7 「按」產生時間起點的概念化歷程

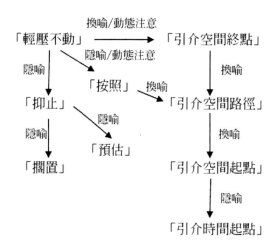

　　在圖 5.7 的基礎上，我們發現客語中的動詞「打」也有類似的概念化歷程。對此，邱湘雲（2008）發現客語中同為指稱手部動作的動詞「打」也因為語法化的歷程而可以延伸出引介處所與時間的介詞性語意，並且此一語法化歷程可以從歷時的角度找尋到演變的脈絡。這顯示「按」由動詞擴展至介詞的概念化歷程並不是一種孤例，而是具有語言的普遍性。

5.5 「自」與「從」在時空概念化上的特異性

　　根據本章表 5.1 所示的量化分析結果，在共時的層面上，「自」與「從」都沒有獨自使用為動詞來指稱具體動作的用法。然而，從複合詞、慣用語或古漢語的引文中，我們仍然可以尋得探知「自」與「從」其介詞化根源的線索。此外，我們也可以發現「自」與「從」在指稱空間概念上具有極低的分布頻率，而與指稱時間概念的分布頻率有很大的落差。當我們將二者在指稱時空概念上的分布頻率差異與在現代漢語中和其相對映且具有相同本字的「自」與「從」相互比較時，可以反映出臺灣閩南語的「自」與「從」在概

念化時間起點時的特異性。以下將分二個小節來探討「自」與「從」在概念
化時間起點的空間基礎上的特異性。

5.5.1 「自」

　　雖然臺灣閩南語的「自」不具有指稱具體動作的動詞用法，反映出其缺
少涉及空間概念的動詞性語意，然而在複合詞或慣用語中，我們發現其普遍
可以指稱涉及具體空間的代詞性語意，即「自己」，如下面的例子所示：

（43）臺灣閩南語「自」的代詞性用法

　　　「自信」（自信）、「自決」（自決）、「自主」（自主）、「自我」（自我）、
　　　「自備款」（自備款）、「自家用」（私人用）、「自轉車」（腳踏車）、「自
　　　作自受」（自作自受）、「自生自滅」（自生自滅）、「自暴自棄」（自暴
　　　自棄）

　　從（43）可以發現，「自」在複合詞或慣用語中指稱「自己」時大都擔任
主謂式結構的主語，顯示其在原始的整體語意結構中通常擔任主事者的語意
角色，反映出其在整個情境所涉及的參與者中具有主動性。

　　此外，由於「自己」是認知世界的基礎，並且需藉由產生動作來與週遭
的世界互動，因此其通常是動作的具體產生者，藉由概念隱喻的機制，其可
以映射至「自己」以外的概念而擴展出名詞性的「根源」概念，如「自然」（自
然而然）的例子。在副詞「自然」的字面意義中，「自」具有「根源」的意義，
但是在複合詞的整體意義中，「自」的「根源」意義已經變得不是那麼明顯。
再者，由於動作根源的所在地通常也都是該動作的空間起點，因此藉由換喻
的機制，我們可以藉由凸顯動作與根源間的空間關係擴展出「引介空間起點」
的介詞性概念。「自」的「引介空間起點」概念顯現在複合詞與獨立介詞等二
個地方。就前者而言，我們發現在「自來」（從很早以前到現在）與「自底」
（從以前；原本）的字面意義中，「自」都具有「引介空間起點」的意義，因
此可以分別與本義涉及空間概念的動詞，即「來」和處所詞，即「底」共現。
只是在複合詞的整體意義中，受到時空隱喻的影響，「自」的空間起點意義在
擴展出時間起點意義後已完全消失。就後者而言，藉由語料庫的分析，我們
發現「自」的「引介空間起點」意義可以藉由獨立介詞的指稱而存在於現今
的臺灣閩南語之中。獨立使用為介詞的「自」具有極少的空間起點用法，這
可以從二個地方看出。首先，無論在《臺灣閩南語常用詞辭典》或是《台日

大辭典》中，介詞「自」都只有時間起點的意義而沒有空間意義，分別如下面所示：

（44）*自*

　　a. 從某時開始。例：*自細漢*（從小）。（《臺灣閩南語常用詞辭典》）

　　b. 時間的開始。例：*自細漢到*今（從小到現在）。（《台日大辭典》）

　　從上面的辭典釋義與語例可知，介詞「自」的空間用法並不普遍，因而在主要的臺灣閩南語辭典中並沒有被列舉〔註 17〕。其次，以「台語文語詞檢索」語料庫爲基礎所作的量化統計中，在 500 筆語例的分析範圍內，「自」在空間與時間用法上的分布頻率分別爲 0.4%與 20.8%，顯示二者有極大的落差。如果更進一步的觀察，我們可以發現「自」在「台語文語詞檢索」語料庫中的空間用法只有二個語例，如下面的例子所示：

（45）a. 自　麥寮　起　　到　崙仔頂，路邊　眞濟　人　搭　布篷　做　喪事（TA）
　　　　FROM 麥寮　起　　到　崙仔頂　路邊　很多　人　搭　帳棚　辦　喪事
　　　　「從麥寮起到崙仔頂，路邊很多人搭帳棚辦喪事」

　　　b. 自　　　天篷　　到　地枋　擱　詳細　巡看　一擺（TA）
　　　　FROM 天花板　到　地板　再　詳細　巡視　一次
　　　　「從天花板到地板再詳細巡視一次」

　　（45）的例子顯示，具有空間意義的「自」除了在語料庫中的分布頻率極低外，其在用法及語意上都受到相當程度的侷限。具體而言，「自」－介詞組在語料庫中只與「到」－介詞組共現來引介動作持續發生的空間區段。與指稱時段的「時間起點介詞＋時間詞語 1＋「到」＋時間詞語 2」語法結構一樣，「自」的空間起點語意在指稱空間區段的語法結構中並不凸顯，這顯示「自」無論在出現的頻率或用法上都不具有引介空間起點的強烈傾向。

　　此外，我們在臺灣閩南語中可以找到具有較大普遍性的疑似反例，顯示「自」似乎可以搭配具有空間意義的「頭」與「尾」來指稱空間起點概念，

〔註 17〕在吳守禮（2000）所編著的《國台語對照活用辭典》中，「自」雖然有空間用法的語例，即「自東至西」（從東到西），但是此結構並非是現今臺灣閩南語的口語用法，而是一種偏向於古漢語的書面語用法。此外，在陳修（2003）所編著的《台灣話大辭典》中，雖然「自」的釋義並沒有特別標明是空間或時間用法，然而其只列舉時間用法的語例而沒有空間用法的語例。

如下面的例子所示：

（46）a. 伊　<u>自　頭</u>　開始　做（AU）

　　　　他 FROM　頭　開始　做

　　　　「他從頭開始做」

　　　b. 伊　<u>自　頭到尾</u>　攏　毋　知影（AU）

　　　　他 FROM　頭到尾　都　不　知道

　　　　「他從頭到尾都不知道」

　　　然而，由於在（46）這類的句子中，「自」可以搭配的空間賓語只限於「頭」跟「尾」，而不能搭配其他的空間詞語，並且「自」搭配「頭」跟「尾」後都指涉事件的起點或終點而非空間概念（連金發 1999），因此我們認為，出現在（46）這類的句子中的「頭」跟「尾」都是藉由概念隱喻的過程來指稱時間概念。該概念隱喻牽涉到以動物的身體部位作為來源域，分別與目標域中的事件起點跟終點做對映。此外，在臺灣閩南語中，「頭」跟「尾」藉由概念隱喻來指涉時間概念的現象還可以在其他地方看到，如「月頭」（月初）、「月尾」（月終）、「年頭」（年初）與「年尾」（年終）等時間詞語。基於這些原因，我們認為（46）這類的例子並不能被視為是一種反例。

　　　相較於「自」的空間用法在臺灣閩南語中的極低分布率，其在現代漢語中的空間用法則具有相當程度的分布頻率，而這亦可從二方面得到證實。首先，在《教育部重編國語辭典修訂本》與呂叔湘（1980）所編的《現代漢語八百詞》中，介詞「自」不只具有時間起點的語意，其尚具有指稱空間起點概念的語意，分別如下面所示：

（47）**_自_**

　　　a. 從、由。例：_自遠而近_。（《教育部重編國語辭典修訂本》）

　　　b. 表示處所的起點。例：_本次列車自北京開往烏魯木齊_。（《現代漢語八百詞》）

　　　從上述的例子可以發現介詞「自」在現代漢語中的空間起點用法較在臺灣閩南語中普遍，因而得以被列舉在辭典之中。其次，在中央研究院的「現代漢語平衡語料庫」中，「自」的空間起點用法亦具有顯著的分布頻率，如下表所示：

表 5.8 現代漢語介詞「自」指稱時空概念的頻率差異

	空間概念	時間概念	合　計
語例總數	77	278	355
語例頻率	15.4%	55.6%	71%

　　表 5.8 是在以 500 筆語例為分析範圍所得出的統計結果。表中顯示，相較於臺灣閩南語，現代漢語時間介詞「自」在指稱空間概念上具有相當程度的分布頻率。此量化統計的結果呼應了《教育部重編國語辭典修訂本》與《現代漢語八百詞》對「自」其空間起點意義的列舉。然而，與辭典中的釋義不同的，「現代漢語平衡語料庫」中的語料顯示，現代漢語的「自」除了指稱運動事件的空間起點外，其亦可指稱運動事件的路徑，如下面的例子所示：

（48）a. 不久，我自醫院返家，過著正常的生活

　　　 b. 曾經發生過一位同仁，被疾駛而過的車子自腳背輾過 〔註18〕

　　上述的（48a）與（48b）分別顯示現代漢語的「自」具有指稱空間起點與路徑的語意，其中在（48b）中，「自」的賓語腳背充當用來定位路徑的參照點，用以標示主語「車子」所經過的路徑，因而具有相當於前面圖 5.2c 所示意象圖式中陸標 2 的認知角色。此外，雖然現代漢語的「自」具有指稱空間路徑的語意，但其分布頻率仍然遠低於空間起點語意，顯示其語意傾向乃是在引介空間起點概念，如下表所示：

表 5.9 現代漢語「自」在空間意義上的分布頻率差異

	起　點	路　徑	終　點	合　計
語例總數	75	2	0	77
語例頻率	97.4%	2.6%	0	100%

　　從上面的比較可以知道，臺灣閩南語的時間起點介詞「自」在空間意義的分布頻率上遠低於現代漢語中的「自」。這種極端的差異除了呈現出臺灣閩南語的介詞「自」在概念化時間起點上的特異性外，還讓我們了解到雖然

〔註18〕根據母語使用者的語感，此句中的「自」除了引介空間路徑的語意外，亦有引介空間起點的解讀。我們認為這種現象也是肇因於路徑圖式與完形心理學的相互作用，亦即在路徑圖式中，起點涵蘊路徑的存在，反之亦然。在「注意力窗口化」識解運作的作用下，此種關聯性造成時間起點介詞的語意容易產生歧義性。

臺灣閩南語的時間起點介詞「自」在共時的層面上缺乏普遍的空間意義而與現代漢語形成顯著的對比，但是其在概念化的過程中仍然曾經出現過空間意義。臺灣閩南語的時間起點介詞「自」在空間意義上的極低分布頻率亦顯示「自」的介詞性空間起點意義並沒有完全在臺灣閩南語中固化（entrenchment）下來，進而形成一種普遍的語言現象。此外，在時間概念方面，與前述三種時間起點介詞一樣的，「自」的空間起點意義可以藉由隱喻映射至時間域而擴展出「引介時間起點」的介詞性語意。

綜合以上所述，臺灣閩南語的時間起點介詞具有如下圖所示的概念化歷程：

圖5.8 「自」產生時間起點的概念化歷程

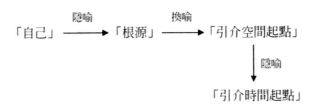

從上面的圖 5.8 可以有三種發現：首先，圖 5.8 所顯示的概念化歷程可以解釋為何「自」在共時的層面缺乏「引介空間終點」的介詞性語意，其原因在於「自」的概念化歷程中並沒有產生具有目標性或對象性的概念，而只具有起始性或主事性的概念，造成其缺乏用以產生「引介空間終點」的根源。其次，不同於「對（tui3）」／「對（ui3）」與「按」的時空概念化過程都涉及動態注意的認知機制，「自」的概念化過程並沒有涉及此一機制。最後，從語法化的觀點而言，介詞通常來自於動詞的語法化。在此基礎上，圖 5.8 中的「根源」與「引介空間起點」之間是否曾經存在著動詞性的義項值得我們從歷時的觀點來加以探知。

5.5.2 「從」

臺灣閩南語的時間起點介詞「從」有二種語音形式，分別為白讀的「從（tsing5）」與文讀的「從（tsiong5）」。就共時的語料來看，不論是「從（tsing5）」或「從（tsiong5）」，在獨立使用時都沒有動詞的用法，其中前者只具有介詞的

用法，而後者只有在某些複合詞、慣用語或古漢語的引文中才會呈現出動詞性的語意功能。在「從（tsiong5）」的動詞性義項中，與空間概念最密切的是指稱「跟隨」的動作概念，如「從犯」（共犯）、「何去何從」（何去何從）與「風從虎，雲從龍」（祥雲隨著龍吟而出，谷風隨著虎嘯而生）（《易經・乾卦》）等例子。「跟隨」的概念結構涉及一個射體隨著陸標移動，因此具有如下圖所示的意象圖式：

圖 5.9　「從」的動詞性本義意象圖式〔註19〕

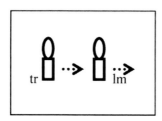

在上圖所示的概念結構中，射體與陸標都是具有生命的人或動物並且跟隨的動作通常必須在實際的空間中進行，因此此概念結構具有具體性。再者，根據圖 5.9 所示的動詞性本義，「從（tsiong5）」的原始情境具有動作的順從性，藉由概念隱喻的認知機制，此具體動作的順從性可以映射至抽象的認知域來指稱對於抽象事物，如意見或命令的順從性，因而擴展出「順從」的動詞性語意，如「順從」（順從）、「聽從」（聽從）、「從伊所願」〔註20〕（順從他所希望的來做）、「天不從人願」（天不從人願）、「力不從心」（力不從心）與「在家從父，出嫁從夫，夫死從子。」（未嫁在家時要順從父親的意見，出嫁後要順從丈夫的意見，丈夫死後要順從兒子的意見。）等例子。此外，根據一般的經驗，一個人跟隨他人通常是為了從事某事，此種相關性藉由換喻的識解運作可以從「跟隨」擴展出「參與」的動詞性語意，如「從事」（從事）與「從軍」（從軍）等例子。

除了動詞性的用法外，「從（tsiong5）」亦具有介詞性的用法。根據一般的經驗，「跟隨」的概念結構通常涉及射體跟隨著陸標，從某個起點出發前往某個處所去從事某種活動，在此相關性的基礎上，藉由換喻與將順序掃描轉換為總

〔註19〕圖中的虛線箭號用以表徵射體與陸標的運動與方向。

〔註20〕在《臺灣閩南語常用詞辭典》中，「從伊所願」中的「從」被認為具有「跟隨」的語意，但我們認為此處的「從」仍然只具有「順從」的語意。

體掃描的動態注意等機制，我們可以凸顯動作的空間起點而產生「引介空間起點」的介詞性語意，如「從來」（從來）與「自從」（自從）等例子。雖然這些例子的空間意義都已經被時空隱喻所產生的時間意義所取代，但是從複合詞中各詞素的字面意義中，我們仍然可以發現空間起點意義的痕跡。再者，如果一個動作只涉及工具的移動而沒有涉及主事者的移動，如言談動作與視覺動作等，則動作的空間起點亦通常就是動作的發生處所，因此藉由換喻的識解運作，此相關性可以擴展出「引介動作處所」的介詞性語意，只是這種語意只存在於複合詞之中，如「從中」（從中）與「從旁」（從旁）等例子。

　　除了「從（tsiong5）」以外，根據本文先前所述，「從（tsing5）」亦不具有明顯的空間起點用法。二者在共時層面不具有顯著空間起點用法的現象還可以從二個地方看出。首先，無論在《臺灣閩南語常用詞辭典》或是《台日大辭典》中，介詞「從」都只有時間起點的意義而沒有任何空間意義，分別如下面所示：

（49）*從*

　　　　a. *tsiong5*：自從。例：從今以後（從現在以後）。（《臺灣閩南語常
　　　　　　　　　　　　用詞辭典》）

　　　　tsing5：自從。例：伊從舊年到今攏無頭路（他從去年到現在都沒
　　　　　　　　　　　有工作）。

　　　　b. *tsiong5*：（無獨用時的釋義）。（《台日大辭典》）

　　　　tsing5：（時間）tui3, ui3。例：我從早早就知（我從很早以前就知
　　　　　　　　　　　道）。

　　從上面的辭典釋義與語例可知，介詞「從」的空間用法與「自」一樣並不普遍，因而在主要的臺灣閩南語辭典中並沒有被列舉〔註21〕。其次，以「台語文語詞檢索」語料庫爲基礎所作的量化統計中，在 500 筆語例的分析範圍內，「從」在空間與時間用法上的分布頻率分別爲 0% 與 18.5%（含「從（tsing5）」31.8% 與「從（tsiong5）」5.2%），顯示介詞「從」在臺灣閩南語中專門用以

〔註21〕在吳守禮（2000）所編著的《國台語對照活用辭典》中，其使用臺灣閩南語的「對（tui3）」來與現代漢語「從」的空間用法相對應，而非使用「從（tsing5）」和「從（tsiong5）」。此外，在陳修（2003）所編著的《台灣話大辭典》中，臺灣閩南語的「從（tsing5）」和「從（tsiong5）」都只列舉時間用法的語例而沒有空間用法的語例。

指稱時間起點，而不指稱空間起點。上述的現象也顯示，介詞「從」在引介空間起點的普遍性上較「自」更低，使其在臺灣閩南語的時間起點介詞中具有特殊性。

　　相較於「從」的空間用法在臺灣閩南語中的零分布率，其在現代漢語中的空間用法則具有相當程度的分布頻率，而這亦可從二方面得到證實。首先，在《教育部重編國語辭典修訂本》與呂叔湘（1980）所編的《現代漢語八百詞》中，介詞「從」不只具有時間起點的語意，其尚具有指稱空間起點概念的語意，分別如下面所示：

（50）*從*

　　　　a. 自、由。例：「*施施從外來。*」〔註22〕（〈孟子·離婁下〉）。（《教育
　　　　　　部重編國語辭典修訂本》）

　　　　b. 表示處所的起點。例：*郵局從這兒往南去。*（《現代漢語八百詞》）

　　從上述的例子可以發現介詞「從」在現代漢語中與「自」一樣，都具有普遍的空間起點用法，因而得以被列舉在辭典之中。其次，在中央研究院的「現代漢語平衡語料庫」中，「從」的空間起點用法亦具有顯著的分布頻率，如下表所示：

表 5.10　現代漢語介詞「從」指稱時空概念的頻率差異

	空間概念	時間概念	合　計
語例總數	92	51	143
語例頻率	18.4%	10.2%	28.6%

　　表 5.10 是在以 500 筆語例為分析範圍所得出的統計結果。表中顯示，相較於臺灣閩南語，現代漢語時間介詞「從」在指稱空間概念上具有相當程度的分布頻率，其甚至高於指稱時間概念的分布頻率。此量化統計的結果亦呼應了《教育部重編國語辭典修訂本》與《現代漢語八百詞》對「從」其空間起點意義的列舉。再者，與「自」一樣的，現代漢語的「從」在「現代漢語平衡語料庫」中除了有空間起點的用法外，其也可指稱運動事件的路徑，如下面的例子所示：

〔註22〕雖然此處使用的是古漢語的例子，但由此例子可以知道此處對「從」所做的
　　　　釋義是一種空間起點的用法。

（51）a. 院士先生，在這炎熱的夏天，不辭辛勞地<u>從不同的地方</u>趕來參加
　　　　會議

　　　b. 看看<u>從身邊飄過</u>的雲霧，感受她的安撫

　　上述的（51a）與（51b）分別顯示現代漢語的「從」具有指稱空間起點
與路徑的語意，其中在（51b）中，「從」的賓語「身邊」充當用來定位路徑
的參照點，用以標示射體「雲霧」所經過的路徑，因而亦具有相當於前面圖
5.2 所示意象圖式中陸標 2 的認知角色。此外，雖然現代漢語的「從」具有指
稱空間路徑的語意，但其分布頻率仍然遠低於空間起點語意，顯示其語意傾
向乃是在指稱空間起點概念，因而與「自」相同，如下表所示：

表 5.11　現代漢語「從」在空間意義上的分布頻率差異

	起　點	路　徑	終　點	合　計
語例總數	76	16	0	92
語例頻率	82.6%	17.4%	0	100%

　　從上面的比較可以知道，臺灣閩南語的時間起點介詞「從」在空間意義
的分布頻率上與現代漢語的「從」有極大的差異。這種極端的差異一方面呈
現出臺灣閩南語的介詞「從」在概念化時間起點上的特異性，另一方面顯示
雖然臺灣閩南語的時間起點介詞「從」在共時的層面上缺乏普遍的空間意義
而與現代漢語的「從」有所差異，但是前者在概念化的過程中亦曾經產生過
空間意義。

　　此外，雖然「從」在介詞的用法上具有「**引介空間起點**」的意義，但是
卻缺乏「**引介空間終點**」的意義。由於「從」的動詞性本義，即「**跟隨**」涉
及一個射體跟隨某個對象，即陸標到達某個處所去進行某種動作，因此應具
有目標性或對象性。在此基礎上，其在共時層面缺乏「**引介空間終點**」意義
的現象必須藉由歷時角度的考察才能了解其背後的概念化歷程〔註23〕。

　　在「**引介空間起點**」的基礎上，藉由時空隱喻，「從」可以擴展出「**引介
時間起點**」的語意。根據本文先前所述，臺灣閩南語的「從」在「**引介時間
起點**」的的語意及語法上有幾個特色：首先，「從」具有二種語音形式，並且
分別具有不同的語意功能，即文讀的「tsiong5」可以指稱過去、現在或未來的
時間起點，而白讀的「tsing5」則只能指稱過去的時間起點。其次，文讀的

〔註23〕我們將在本文的第六章探討此議題。

「tsiong5」在指稱時間起點的用法上受到很大的侷限，即其只能出現在特定的幾種語法結構之中，而白讀的「tsing5」則否。從上面的特色可以知道，文讀的「tsiong5」與白讀的「tsing5」一方面在音韻上具有簡化的關係，另一方面在語意及語法上具有相關性與區別性，顯示二者具有同源分化的關係，並且二者在分化後進行語意功能的分工，因而符合語言的經濟性與肖像性〔註24〕。

綜合以上所述，「從」的介詞化過程可以用下圖來表示：

圖5.10 「從」產生時間起點的概念化歷程

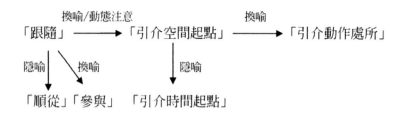

5.5 小 結

根據本章所述，臺灣閩南語的時間起點介詞可以依據其在共時層次所具有的空間意義分布頻率分成二個群組：一為具有空間意義普遍性的「對（tui3）」／「對（ui3）」與「按」，另一為不具有普遍性空間意義的「自」與「從（tsiong5）」／「從（tsing5）」。其中，「自」與「從（tsiong5）」／「從（tsing5）」雖然在共時層次不具有顯著的空間意義，然而從概念化的歷程可知其曾經產生過空間意義，並且進而擴展出時間起點概念。再者，具有空間意義普遍性的時間起點介詞又可以根據其空間概念結構成分的普遍性進一步區分成二個類型，分別為起點取向的介詞，即「對（ui3）」與終點取向的介詞，即「對（tui3）」與「按」等。上述的發現顯示，雖然臺灣閩南語各時間起點介詞具有相似的時間概念結構，但是其產生時間起點概念的概念化的歷程卻有所不同，這表現在各時間起點介詞的概念化根源，即本義與介詞性空間意義都有顯著的差異。

具有空間意義普遍性的時間起點介詞在概念化上具有一些共性。具體而言，「對（tui3）」／「對（ui3）」與「按」都具有分別指稱物體移動的起點、

〔註24〕此處的肖像性是指 Haiman（1980）所區分出的「iconicity of isomorphism」原則，與「iconicity of motivation」原則相對。

路徑與終點的介詞性語意，並且在映射空間起點概念時，其與動詞的相對詞序都遵循著「時間順序原則」，但在映射路徑及終點概念時則否。這種遵循「時間順序原則」來概念化空間起點的特性亦藉由隱喻的機制映射至時間域，使得「對（tui3）」／「對（ui3）」與「按」亦遵循著相同的原則來概念化情境的時間起點。「時間順序原則」在「對（tui3）」／「對（ui3）」與「按」上的運作型態並非是孤立的現象，其在古漢語的處所介詞（Locative Prepositions）中亦可以找到類似的現象。Peyraube（1994）指出，古代漢語處所介詞，如「于」與「在」等的詞序演變都可以看到「時間順序原則」作用的痕跡。具體而言，「于」與「在」分別在東漢與早期中古漢語時期，其在動詞之前的位置大都只能指稱動作發生的處所（即事件的空間起點），而在動詞之後的位置則能同時指稱動作發生的處所或事件參與者在動作發生後的處所（即事件的空間終點），顯示「時間順序原則」已在開始的作用。其後分別在早期中古漢語與晚期中古漢語時期，「于」與「在」在動詞之後的位置亦大都指稱事件參與者在動作發生後的處所，顯示「時間順序原則」已在這些時期完全的作用。在上述的的基礎上，我們可以有三個發現：首先，「時間順序原則」在臺灣閩南語與古代漢語中的作用位置不同，前者傾向於先作用於動詞之後的位置，後者則傾向於先作用於動詞之前的位置。其次，「時間順序原則」在「對（tui3）」／「對（ui3）」與「按」上的作用還不到完全的程度，這可以說明為何這些介詞在動詞之前的位置還能指稱空間的路徑或終點。最後，誠如張麗麗（2003）所言，漢語的介詞大都是從連動式的第一動詞虛化而來，並且受到「時間順序原則」的制約。據此，我們要從語法現象來了解臺灣閩南語時間起點介詞的意義演變，就必須探討「時間順序原則」在聯繫詞序與時空意義上的作用，因此本文的研究將可作為後續介詞認知語意研究的基礎。再者，「對（tui3）」／「對（ui3）」與「按」在空間上的多義性也可以從意象圖式的觀點來加以詮釋。在前述的基礎上，「對（tui3）」／「對（ui3）」與「按」在引介空間概念上的多義性可以被視為是肇因於在同一個背景框架上凸顯不同的組成成分，並且其意象圖式存在者多種的變體，這些變體使得句子可以表達更為細緻的語意。再者，「對（tui3）」／「對（ui3）」與「按」的動詞性本義可以充當原始情境，進而透過動態注意、換喻或隱喻等概念化機制而得以在同一個認知域內或不同的認知域之間進行概念的擴展。此外，如果從語法化的觀點來看，「對（tui3）」／「對（ui3）」與「按」在概念隱喻上也具有體驗性，此種可以藉由意象圖式來呈現的體驗性使得我們能夠將「對（tui3）」／「對（ui3）」與

「按」在空間上的起點概念隱喻映射至時間上的起點，使其能指稱現於過去、現在或未來的起點，並且藉由來自於其空間概念結構所奠基的路徑圖式特徵與完形心理學的認知作用，「對（tui3）」／「對（ui3）」與「按」亦能涵蘊時間的延續。

除了上述的共性外，具有明顯空間語意的時間起點介詞在概念化上也具有一些顯著的差異性：（一）「對（tui3）」／「對（ui3）」與「按」具有不同的動詞性本義，分別為「面對」與「輕壓不動」，其中後者只存在於複合詞或慣用語的詞素中。其中就「對（ui3）」與「對（tui3）」而言，語音、語意及語法上的證據顯示二者具有相同的動詞性本義或概念化根源。此外，「對（ui3）」乃是從「對（tui3）」分化而來，並且二者在介詞性的空間意義上產生了語意功能的分工，其中「對（ui3）」傾向於引介空間起點概念，而「對（tui3）」則傾向於引介空間終點概念。（二）「對（tui3）」／「對（ui3）」與「按」其動詞性本義的某些語意屬性會滯留在介詞性的空間語意中，使三者的介詞性空間語意呈現出不同的語意特徵。其中，「對（tui3）」的動詞性本義具有較高程度的水平性與面對性，而「對（ui3）」由於乃是分化自「對（tui3）」的緣故，因此其水平性與面對性略低於「對（tui3）」。至於「按」則具有較低程度的水平性或較高程度的垂直性，並且不具有面對性。（三）　相較於「對（tui3）」／「對（ui3）」，「按」無論在指稱時間概念或空間概念上都具有最低的使用率，顯示「按」在引介時間概念或空間概念上居於弱勢的地位。此外，根據本文的發現，「按」其引介時間或空間概念的語意功能可以被「對（ui3）」與「對（tui3）」所替代，但是反之則否，因此我們預測「按」未來有可能完全被前二者所取代。

另一方面，「自」與「從（tsiong5）」／「從（tsing5）」指稱時間概念的頻率都遠高於指稱空間概念的頻率，因此都可以被視為是時間概念取向的時間起點介詞。就「自」而言，相較於其他時間起點介詞都具有動詞性本義，「自」只具有代詞性的本義，即「自己」，並且此意義只存在於複合詞或慣用語的詞素中。再者，從「自」的概念化歷程中可以有二項發現：（一）「自」之所以沒有擴展出「引介空間終點」的概念乃是因為在其概念化歷程中並沒有產生具目標性或對象性的概念，致使「自」缺乏產生「引介空間終點」意義的根源。（二）相較於其他時間起點介詞的概念化過程都涉及動態注意機制，「自」在共時層面的概念化歷程並沒有使用這種機制。此外，就「從（tsiong5）」與

「從（tsing5）」而言，從音韻形式與語意上的關係可以知道二者具有相同的概念化根源，並且後者乃是從前者分化而來。雖然「從（tsing5）」不具有動詞的用法，但是從「從（tsiong5）」在複合詞或慣用語中的字面意義，我們仍然可以發現「從（tsiong5）」曾經具有「**跟隨**」的動詞性本義。雖然「**跟隨**」同時涉及跟隨的對象與跟隨某個對象所到達的空間處所，但是「從（tsiong5）」在共時層面上並沒有出現具對象性或目標性的「**引介空間終點**」意義，而只具有「**引介空間起點**」的空間語意，並且其進一步擴展出「**引介動作處所**」的概念。我們認為「從（tsiong5）」缺乏「**引介空間終點**」的原因必須從歷時的層面去找尋。除此之外，我們也發現「自」與「從」在指稱介詞性的空間概念上都具有跨語言的特異性。具體而言，無論從出現的頻率或用法來看，現代漢語的時間起點介詞「自」與「從」都存在著普遍性的空間意義，然而臺灣閩南語其「自」與「從」的空間意義已在現今的語言中消失。再者，現代漢語的「自」與「從」除了引介運動事件的空間起點外，其亦可指稱運動事件的路徑，但卻不能指稱運動事件的空間終點，因而與臺灣閩南語的「對（tui3）」／「對（ui3）」與「按」等可以同時引介空間起點、路徑與終點的時間起點介詞不同，顯示出臺灣閩南語的時間起點介詞不但種類較多，並且其空間多義性的涵蓋範圍亦較現代漢語來的廣大。

第六章　時間起點概念化的歷時考察

　　本章將在前章的基礎上進一步從歷時層面探討時間起點的概念化根源。由於語法化是概念化在語法層面上的體現，因此我們可以在認知的觀點上，藉由探究時間起點介詞在歷時層面的語法化過程及其所涉及的概念化機制，一方面可以了解產生時間起點概念的認知歷程，另一方面也可以驗證我們在共時層面對臺灣閩南語時間起點介詞其概念化歷程所作的推論。就語法化而言，其在形式上具有單方向性與連續性等特徵（Hopper1991；Hopper and Traugott 1991, 1993；Heine et al. 1991）。舉例而言，大部分的語言，如漢語及其方言中的動詞與介詞之間的語法化關係是前者延伸出後者而非相反，並且其語法化過程是漸進的（Li and Thompson 1981；Peyraube 1996；Lai 2002）。在此基礎上，探究臺灣閩南語時間起點介詞在歷時層面的語法化根源其實就是在了解其由動詞虛化為介詞的介詞化過程，並且就語意上來說，這樣的語法化過程其背後所體現的是一種由「人／物體」擴展至「空間」，並進而擴展至「時間」的概念化過程（Heine et al. 1991；Lai 2002）。

　　要從語法化的角度來探討臺灣閩南語時間起點介詞的概念化根源會遇到三個問題。首先，在共時的層面上，除了「對（tui3）」在單獨使用時有一些指稱具體事件的動詞用法外，其餘的時間起點介詞大都缺少指稱具體事件的動詞用法。舉例而言，時間起點介詞「按」不像「對（tui3）」一樣具有指稱具體事件的動詞用法〔註1〕。這種共時層面的現象使我們較難藉由時間起點介

〔註1〕雖然「按」在臺灣閩南語中有動詞用法，如「你按幾支桌？」（你預訂幾桌？）與「你欲按當時？」（你要預訂甚麼時間？）的例子所示，但是這些用法都是指稱抽象的認知事件而非感官可以感知的具體事件。

詞的多元語法或語意功能去追尋其完整的介詞化根源。爲了克服這個問題，我們必須藉由豐富的古代漢語語料，從歷時的角度來探究臺灣閩南語時間起點介詞的語法化根源。此外，從歷時角度探究語法化根源的前提是我們所探究的時間起點介詞必須來源於古代漢語，亦即其必須具有本字（楊秀芳 2000；董忠司 2001）。藉由考察本字在古代漢語中的語法及語意演變，我們便可得出該詞彙的語法化歷程。然而，本字在考察臺灣閩南語詞彙語法化歷程中的必要性產生了第二個問題，即在本文所研究的時間起點介詞中，並非所有的介詞都可以確認其本字爲何。根據《臺灣閩南語常用詞辭典》的查詢結果，在本文所研究的時間起點介詞中，「對（tui3）」、「按」、「自」與「從」都可確認其本字，但是「對（ui3）」卻不具有本字，而是以「對」作爲異體字來表徵其音義。針對這個問題，我們將依據本文第五章的觀點，將「對（ui3）」視爲是由「對（tui3）」分化而來，因此二者具有相同的本字，即「對」。最後，歷時角度的語法化探討還會遇到語料限制的問題。具體而言，在本文所研究的時間起點介詞中，「自」在甲骨文時期就已發展出包含引介時間起點在內的多種介詞性語意（劉平 2006；王鴻賓 2007；劉瑞紅 2008；張會蘭 2009），因此出現在甲骨文之後的古漢語語料已無法呈現「自」的介詞化或概念化歷程。在上述基礎上，本章將只以「對」、「按」與「從」等在甲骨文時期之後才擴展出介詞性語意的介詞爲研究對象來探討其歷時的語法化歷程，並藉此驗證其在共時層面的概念化過程。此外，爲了更聚焦於本論文的研究議題，我們在本章將不擬對每個時間起點介詞其歷時的語法化歷程或全部的語意網絡做完整的探討，而只把研究範圍限制在「動詞→介詞」的語法化過程，即介詞化過程。

6.1 「對」

從語法化的觀點來看，共時層面的語法化現象是歷時語法化過程在不同階段或層次上的反映。換句話說，歷時的語法化過程可以用來驗證與解釋我們在共時層面對語法化現象所作的推論。在此基礎上，我們可以從歷時的角度來驗證時間起點介詞，即「對」在共時層面所呈現的概念化歷程。「對」的歷時語法化研究已有一些初步的成果，如 Tsao and Hsu（2005）與周芍和邵敬敏（2006）等人的研究都提供我們一個清楚的輪廓。本文將在這些研究的基

礎上，一方面以我們所蒐集到的古漢語語料來驗證其論述，另一方面也將從概念化的角度來闡釋語法化背後所涉及的認知機制。

　　從上古漢語的語料可以發現，「對」有二種可能產生引介動作目標或空間終點等介詞語法功能的動詞語意，分別爲「對答」與「面對」，分別如下面的例子（1）、（2）所示：

（1）a. 天子求后於諸侯，諸侯<u>對</u>曰：『夫婦所生若而人，妾婦之子若而人。』（《左傳・襄公十二年》）

　　　b. 子木問於趙孟曰：「范武子之德何如？」<u>對</u>曰：「夫子之家事治，……。」（《左傳・襄公二十七年》）

（2）a. 及五年脩封，則祠泰一、五帝於明堂上坐，令高皇帝祠坐<u>對</u>之。（《史記・孝武本紀》）

　　　b. 於是有縛廣武君而致戲下者，信乃解其縛，東鄉坐，西鄉<u>對</u>，師事之。（《史記・淮陰侯列傳》）

　　上面（1）與（2）中的「對」分別具有「對答」與「面對」的動詞語意。根據段玉裁的《說文解字注》，「對」的本義是「對答」，因此後者乃是來自於前者的概念擴展。對此，Tsao and Hsu（2005）與周芍和邵敬敏（2006）都指出，基於通訊方式的限制或交際的禮貌原則，古代的「對答」動作通常都採取面對面的方式進行，這種身體與社會文化相互作用所形成的體驗性使「對答」與「面對」這二種動作概念產生相關性。我們認爲這種相關性可以藉由概念換喻的識解運作，將概念的凸顯區域從言語動作轉移到涉及臉部的動作，因而由「對答」擴展出「面對」的概念。

　　此外，「對答」與「面對」這二種動作概念在中古漢語時期再分別擴展出引介動作對象或目標的語意功能，而體現這種概念化歷程開始發生的語法結構就是連動式結構，如下例所示：

（3）a. 子服景伯<u>對</u>使者曰：「王合諸侯，則伯帥侯牧以見於王……」（《左傳・哀公十三年》）

　　　b. 鴻蒙拊脾雀躍不輟，<u>對</u>雲將曰，「遊！」（《莊子・在宥》）

（4）a. 子孫有過失，不譙讓，爲便坐，<u>對</u>案不食。（《史記・萬石張叔列傳》）

　　　b. <u>對</u>子罵父，則是無禮。（《世說新語・方正》）

根據周芍和邵敬敏（2006）的看法，出現於（3a）與（3b）這類句子中的「對」仍然具有指稱言談動作，即「對答」的動詞語意，但與先前時期不同的，其除了指稱回答的動作本身外，其還凸顯回答動作的對象，這可由其在連動式中搭配指稱回答對象的賓語看出。在這類連動式中，言談動詞「曰」承擔了指稱回答動作的主要概念，造成「對」原本的動詞語意功能減弱或虛化，並漸漸產生引介動作對象或目標的語法功能。另一方面，（4a）與（4b）這類句子中的「對」出現在連動式的第一個動詞組中，其喪失了指稱言談動作的語意而演變為指稱非言談動作，即「面對」的動詞語意，並且二者已開始具有引介事件相關事物的語法功能。在（4a）中，「對」所搭配的賓語，「案」，乃是指稱主要動詞「食」其動作對象所在的地方，因此「對」具有引介動作對象所在處所的語法功能。在（4b）中，主要動詞，即「罵」，是一種指稱言語動作的動詞。在此基礎上，「對」搭配其賓語，即「子」，所引介的是言談動作的相關參與者，而「罵」的賓語，即「父」，則指稱言談動作的對象。基於上面所述，「對」在（4）中所具有的是一種相當於斜格賓語（oblique object）〔註2〕的語法功能。由於《史記》中的語料所反映的是上古漢語晚期的語言現象，因此（4a）的例子顯示，至少在中古漢語之前，「對」就已開始醞釀從動詞語法化為介詞，並且到了中古漢語初期的東漢時期，「對」的介詞用法才真正的產生。

「對」正式語法化為介詞的證據可以從下面的例子看出：

（5）何得對吾，面稱父字。（東漢佛經《中本起經》）

根據周芍和邵敬敏（2006），（5）中的「對」已經沒有「面對」的動作語意，因為此語意已由後面的狀語，即「面」來表達。此例中的「對」其最主要的語法功能是在引介言談動詞，即「稱」的動作對象或目標，因此是一種具有「引介空間終點」語意的純粹介詞用法。

「對」由「面對」擴展出「引介空間終點」的現象並非孤例。古漢語的另二個動詞，即「向」與「朝」亦具有類似的概念化歷程。根據馬貝加（1999, 2002）的看法，「向」與「朝」由「面對」的動詞性本義相繼擴展出「引介方向」與「引介空間終點」的介詞性語意。就廣義上而言，「引介方向」可

〔註2〕陸丙甫（2011）曾引《馬氏文通》的說法指出，當斜格賓語指稱人時，其可以前移至動詞之前，此為語言的共性。例如，在「天子不能以天下與人」《孟子·萬章章句上》的句子中，介詞「以」所引介的斜格賓語「天下」前移至動詞「與」之前即為一種語言共性的展現。

被視爲是在引介一個即將實現的終點，因此我們認爲其亦可被歸類爲「引介空間終點」語意。在此基礎上，「向」和「朝」具有與「對」相類似的概念化歷程。

「對」的「面對」語意除了在中古漢語擴展出介詞性的語意外，其在近代漢語還擴展出「對著某個目標」的動詞語意，此種語意依然具有對象性，因此也是產生介詞語意的可能來源：

（6）a. 蟬聲返覆穿疏牖，柳影凋殘對病床。（《敦煌變文集新書・維摩詰經講經文》）

　　　b. 若以義對經，恰似將一個包兩物之物，對著包一物之物。（《朱子語類・卷第三十七》）

（6a）與（6b）中的「對」皆擔任句子中的獨立動詞，其中（6a）中的「對」與前句的動詞「穿」並舉，而（6b）中的「對」則搭配著動貌助詞「著」，因此二者都具有動詞的語法屬性。然而在這類的例子中，「對」並沒有涉及到「人類臉部」的語意成分，而只涉及到以一個物體對著某一個目標，因而只具有「對著某個目標」的語意。「對」在動詞領域由「面對」擴展出「對著某個目標」的語意，其所涉及到的是概念隱喻的認知機制。概念隱喻將「以人類臉部對著某個目標」映射至「以物體的某部位對著某個目標」，這種奠基於身體或物體等不對稱結構的概念隱喻產生了「人」→「物體」的概念擴展。

再者，「對」其引介動作目標或空間終點的介詞語意在近代漢語也擴展出引介動作路徑的介詞語意，如下面的例子所示：

（7）將進院門，聽見大爺說話的聲氣像是生氣的樣子，趕緊走到當院裏，對屋門往裏一看，果見公子一臉怒容……（《兒女英雄傳・第三十一回》）

在（7）的例子中，視覺動詞「看」的視線起點由「當院」指涉，而視線終點則由介詞「往」引介，至於「對」搭配賓語「屋門」用以引介動詞「看」的視線路徑〔註3〕，因而具有引介動作空間路徑的介詞語意。此外，這種肇因於終點與路徑相關性的概念化機制即是概念換喻。

〔註3〕例句（7）中的「對」具有歧義性，其除了可被理解爲「引介空間路徑」外，亦可被設想爲「引介空間起點」。如同先前所言，這種現象可歸因於「注意力窗口化」的認知機制所致。

　　從概念化的角度來看，「對」由動詞語法化爲介詞的過程可以用順序／總體掃描識解運作機制來加以解釋。如同本文第三章所作的說明，順序／總體掃描屬於動態注意識解運作中的其中一種，涉及到注意焦點的轉移。就順序掃描與總體掃描的差別而言，順序掃描乃是沿著實際時間來順序地概念化情境中的連續階段，其所產生的時間性關係通常由動詞來指涉。相反的，總體掃描是將事件視爲一個整體來加以概念化而忽略不同階段間的狀態變化，這種不涉及設想時間的非時間性關係通常由名詞、介詞或形容詞來加以指涉。根據上述的區別，我們認爲與共時層面相同的，「對」在歷時層面從動詞語法化爲介詞的概念化歷程亦涉及到二種概念化機制，分別爲動態注意與換喻。動態注意將順序掃描轉換爲總體掃描，這種過程將由射體與陸標相互作用所形成的動態事件轉變爲射體與陸標間存在的靜態關係。再者，「對」的介詞化歷程也涉及到換喻的認知機制，這種機制將概念結構中的凸顯區域由整個事件轉移至事件中的射體與陸標。由於在動態事件或靜態關係中，陸標都具有對象性或終點性，因而藉由凸顯區域的轉移，我們可以形成目標或終點的語意。

　　根據上面的論述，我們可以歸納出「對」在歷時層面的概念化歷程，如下圖所示：

圖 6.1 「對」在歷時層面的介詞化歷程

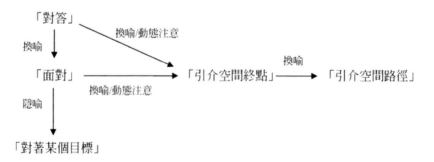

　　根據圖 6.1，我們可以知道「對」在歷時層面的介詞化根源是分別具有「對答」意義與「面對」意義的動詞，其中前者又是延伸出後者的源頭，因此我們可以說「對答」意義的動詞才是介詞化眞正的根源。再者，從本文第五章的論述可以發現，臺灣閩南語的「對（tui3）」在共時層面並沒有「對答」意義的動詞用法而只有「面對」意義的動詞用法，因此「對（tui3）」在共時

層面的介詞化根源只能追溯至「面對」意義的動詞。在此基礎上，我們可以將上面的圖 6.1 與第五章圖 5.5 所示共時層面的概念化歷程作比較，藉以了解「對（tui3）」在歷時層面與共時層面上的介詞化差異，其中第五章圖 5.5 重複呈現如下：

圖 6.2 「對（tui3）」產生時間起點的概念化歷程

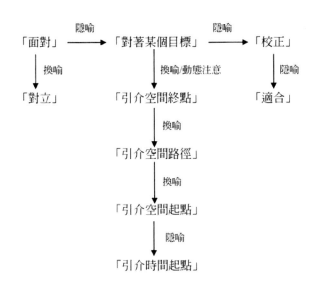

　　藉由上述的比較，臺灣閩南語的「對（tui3）」其在共時層面的概念擴展一方面可以得到驗證，另一方面也呈現出特異性。在歷時的驗證方面，「對（tui3）」在共時層面一方面依序擴展出的「引介空間終點」與「引介空間路徑」等介詞性語意，另一方面也保留著由「面對」擴展至「對著某個目標」的語法化歷程，因而與歷時層次的概念化歷程一致。在特異性方面，「對」在歷時層面並沒有從「引介空間終點」再依序擴展出「引介空間起點」與「引介時間起點」等介詞性語意，因而與共時層面的「對（tui3）」不同，這顯示這部分的介詞化或概念化歷程是在臺灣閩南語中獨自產生的，而非古漢語語法化現象的滯留〔註4〕。綜合言之，藉由共時層面與歷時層面的考察，我們更能確信本文先前的看法，即臺灣閩南語的「對（tui3）」／「對（ui3）」是以動作目標或終點概念為概念化根源的時間起點介詞。

〔註4〕我們也發現，「對」在現今的客語中並不具有引介空間概念與時間概念的介詞用法，呈現出客語與臺灣閩南語的差異性。

6.2 「按」

　　根據本文第五章所述，在共時層面的臺灣閩南語中，「按」除了在複合詞或慣用語中出現指稱具體事件的動詞用法外，其獨自使用爲動詞的用法並不多，並且該動詞用法只具有不涉及具體空間的抽象的語意，即「預估」。此外，「按」獨自使用爲介詞時，其除了可以引介時空概念外，尚具有「按照」的語意。在上述的基礎上，「按」的「預估」與「按照」等二種語意不但較爲抽象而且與其引介空間起點的介詞性語意間並沒有明顯的語意聯繫。因此，爲了要了解「按」的介詞化歷程，我們必須從歷時的角度來加以探討。

　　如果從古漢語的語料來考察，我們可以發現「按」在上古漢語具有多種的動詞性語意。根據段玉裁的《說文解字注》，「按」的本義爲「以手抑之使下也」，其中「抑」是指用印的動作，此種動作具有「輕壓不動」的特徵，因此「按」的本義乃是指稱「輕壓不動」的概念，如下面的例子所示：

（8）a. 韓王忿然作色，攘臂按劍，仰天太息曰：「寡人雖死，必不能事秦。……」（《戰國策‧韓一》）

　　　b. 於是天子乃按轡徐行。（《史記‧絳侯周勃世家》）

　　此外，藉由概念隱喻的映射，「輕壓不動」此一垂直性的具體動作概念可以擴展出其他具體性較低的動作而產生了「抑止」的動詞語意，如下面的例子所示：

（9）a. 故爲君計者，不如按兵勿出。（《戰國策‧齊二》）

　　　b. 故簡子之時，以十人者按趙之兵，歿簡子之身。（《呂氏春秋‧期賢》）

　　上述的語料顯示「抑止」的對象通常是軍隊，因此「抑止」具有使事物，如軍隊停止不動的意涵。由於在「抑止」的概念結構中，射體與陸標並不一定具有實質的接觸，因而其具體性低於「輕壓不動」的動詞性意義。

　　再者，由於「輕壓不動」的語意涉及動作的停止，因而涵蘊著動作具有一個暫時的空間終點。在此基礎上，藉由換喻與動態注意的識解運作，「按」在近代漢語出現了「引介空間終點」的介詞性語意〔註5〕，如下面的例子所示：

〔註5〕除了「按」之外，在古漢語中，還有其他指稱手部動作的動詞語法化爲介詞的例子。舉例而言，董爲光（2004）與邱湘雲（2008）指出，古漢語中具有

（10）梅公子聽了，便上前按他的臉聞個不住。（《兒女英雄傳・第二十八回》）

再者，動作的目標或終點是路徑圖式的一部分，其通常涵蘊動作路徑的存在，因此藉由換喻的機制，「按」在近代漢語由「引介空間終點」擴展出「引介空間路徑」的介詞性語意，如下面的例子所示：

（11）……安大人在家安排了幾日，便商定自己按驛站由旱路先行，家眷順運河由水路後去。（《兒女英雄傳・第四十回》）

在（11）的例子中，「按」與介詞「順」對舉。在語法上，「按」與「順」後面必須搭配主要動詞；在語意上，二者皆用以引介空間運動的路徑，因而都可以被譯爲「沿著」。「按」其「引介空間路徑」語意尙有另一個可能的來源。具體而言，「按」其本義，即「輕壓不動」的動作結果涉及主事者以某種工具緊貼某個物體，當此種「緊貼」的概念特徵隱喻映射至抽象領域時，即產生「遵循」的概念屬性。再者，藉由動態注意機制，「遵循」所涉及的順序掃描會被轉換爲總結掃描而擴展出「按照」的介詞性語意，如下面的例子所示：

（12）a. 陳祭器，按度程，無或作爲淫巧，以蕩上心，必功致爲上。（《呂氏春秋・孟冬紀》）

　　　b. 執後以應前，按法以治眾，眾端以參觀……（《韓非子・備內》）

再者，本義「輕壓不動」的「緊貼」屬性會滯留在「按照」之中，使其產生某些變化。首先，當「緊貼」屬性擴展至其他認知域時，「按照」會與其對象相互作用而產生「逐一」的語意涵蘊，如下面的例子所示：

（13）a. 按月兒一個月與他五兩銀子。（《金瓶梅詞話・第二十二回》）

　　　b. 韋美按日供柴。（《醒世姻緣・第八十八回》）

　　　c. 當下公子擎盃，金玉姊妹執壺，按座送了酒，他三個纔告座入席。（《兒女英雄傳・第三十七回》）

　　　d. 趙堂官即叫他的家人：「傳齊司員，帶同番役，分頭按房抄查登賬」

「擊打」義的動詞「打」在近代漢語時期擴展出引介空間路徑的介詞用法，如「豈不是打他雪峰過？」（《祖堂集》）的例子所示。在引介空間路徑的基礎上，「打」又擴展出引介空間起點與終點等介詞性語意。

（《紅樓夢校注・第一百零五回》）

其次，當「緊貼」屬性擴展至空間域中的運動概念時，由於射體由起點往終點移動時，其通常隨時緊貼著路徑，藉由換喻機制，此種相關性會使「按照」擴展出「引介空間路徑」的概念。換句話說，「按照」成爲產生「引介空間路徑」的另一個來源。值得注意的，本義的「緊貼」屬性亦會滯留在「引介空間終點」的介詞性語意之上，如前舉（10）的例子中，「按」除了具有「引介空間終點」的語意外，其尚具有「緊貼」的語意涵蘊。

在路徑圖式的基礎上，由於路徑與空間起點具有鄰近性，因此透過換喻機制，「按」的「引介空間路徑」可再擴展出「引介空間起點」概念而與「對」和「打」的概念化歷程一致，如下面的例子所示：

（14）a. 西門慶拏剪刀，按婦人當頂上，齊臻臻剪下一大梆來，用紙包放在順袋內。（《金瓶梅詞話・第十二回》）

b. 大聖領沙僧駕起祥雲，不多時，到於竹節山頭。按雲頭觀看，好座高山。（《西遊記・第九十回》）

綜合以上的論述，「按」在歷時層面具有以下的概念化歷程：

圖 6.3 「按」在歷時層面的介詞化歷程

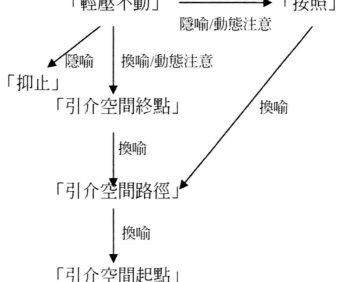

　　如果以圖 6.3 的介詞化歷程來對比「按」在共時層面的多義結構，我們可以有幾項的發現：首先，「按」在共時層面具有「按照」的介詞性語意及「引介空間終點」、「引介空間路徑」與「引介空間起點」等介詞性語意，顯示其仍保留著圖 6.3 中的某些義項，不同之處在於「按」在臺灣閩南語中還擴展出「預估」的動詞性語意，而這是漢語所沒有的。其次，歷時層面與共時層面的介詞化歷程都顯示「按」在共時層面的「引介空間終點」、「引介空間路徑」與「引介空間起點」等三種介詞性語意具有延伸的關係，但不同的是這些介詞性語意在歷時層面並不普遍而與共時層面中的分布型態相反。其中就空間路徑的介詞性語意來說，我們發現其在早期的閩南語中就已經產生，這可以從《荔鏡記》中的語料得知。在《荔鏡記》中，「按」的介詞用法都是用來引介動作的空間路徑，如以下的例子所示：

（15）a. 小弟 有 思量，伊 打 東街 去， 恁　　按　　西街 去　攔…
　　　　 小弟 有 思考　他 從 東街 去　你們　ALONG　西街 去　攔截
　　　　 「小弟有思考過，他從東街去，你們就從西街去攔截。」

　　　b. 打　　按　　後門 去〔註6〕
　　　　 預計 THROUGH 後門 去
　　　　 「預計從後門出去（買東西）」

　　　在（15a）中，「按西街」與「打東街」對舉，二者標示著二條具有共同目的地或交會點的不同路徑，因此「按」在此具有引介空間路徑的語意功能〔註7〕。在（15b）中，「按」用以引介由室內出去至室外所行進的路徑，此路徑可以藉由凸顯其經過的參照點，即「後門」來加以定位。上面的例子顯示，引介動作空間路徑的介詞用法最晚在《荔鏡記》所在的明代時期就已產生。最後，「按」在臺灣閩南語中有引介時間起點的介詞性語意，但是在古代漢語中並沒有這種語意，顯示這種介詞性概念是在臺灣閩南語中獨自產生的〔註8〕。

─────────────────────

〔註6〕根據母語使用者的語感，（15b）中的「按後門」除了有引介動作路徑的語意外，尚具有引介動作空間起點的解讀。我們認為這種現象乃是肇因於空間起點與路徑二者在路徑圖式中是相鄰的結構成分，語言使用者藉由「注意力窗口化」的認知機制，其可以將路徑中的參考點設想為起點，或將起點設想為路徑中的參考點，因而產生了歧義性。

〔註7〕（15a）中的「按」並非引介空間的終點，因為如此一來將會與前句，即「打東街去」形成語意上的矛盾。

〔註8〕與「對」相同的，我們發現「按」在現今的客語中也不具有引介空間概念與

6.3 「從」

　　根據本文第五章所述，在臺灣閩南語中，無論是文讀或白讀形式的「從」都沒有單獨擔任動詞的用法，其中白讀形式的「從（tsing3）」只有引介時間起點的介詞用法，而文讀形式的「從（tsiong5）」除了在固定的語法結構中具有引介時間起點的介詞用法外，其在某些複合詞或慣用語中仍然保留著動詞的用法。由於在共時層面中，介詞性語意與動詞性語意之間的概念化聯繫並不明顯，因此我們需要藉由歷時層面的考察才能了解上述二者之間的語法化關係及所涉及的認知機制。

　　從上古漢語的語料可以發現，「從」具有指稱具體事件的動詞性語意，如下面的例子所示：

（16）a. 其旂筏筏，鸞聲噦噦。無小無大，從公于邁。(《詩經‧魯頌》)

　　　 b. 道不行，乘桴浮于海，從我者其由與？(《論語‧公冶長》)

　　在上述的例子中，「從」在子句中都擔任述語的語法角色，並且都具有「跟隨」的動詞性語意（石毓智 1995；馬貝加和徐曉萍 2002；劉瑞紅 2008；張會蘭 2009）。此外，藉由概念隱喻的機制，原本以人為動作對象的「跟隨」可以擴展出以抽象的意見、命令或上述二者的產生者為動作對象的「順從」（劉瑞紅 2008），如下面的例子所示：

（17）a. 樂者敦和率神而從天。(《禮記‧樂記》)

　　　 b. 宋君使使者請於趙王曰：「夫梁兵勁而權重，今徵師於弊邑，弊邑不從，則恐危社稷……」(《戰國策‧宋》)

　　在（17）的例子中，「從」在子句中仍然單獨擔任述語的語法角色，並且都指稱「順從」的動作概念，因此都是動詞的用法。由「跟隨」擴展出「順從」的語意現象並非漢語所獨有，而是一種跨語言的現象。以英語的動詞 *follow* 為例，其亦同時具有「跟隨」的本義與「順從」的延伸語意，分別如下面（18a）與 （18b）的例子所示：

（18）a. The boy *followed* his father out of the room.

　　　 b. Why didn't you *follow* my advice?

　　在以「順從」為中心所建構的事件中，施事者對其動作對象具有依循性

時間概念的介詞用法，因而亦呈現著客語與臺灣閩南語的差異性。

與放任性。在此基礎上，藉由換喻與總結掃描，「順從」的依循性使其可以擴展出「按照」的介詞性語意，如下面的例子所示：

（19）a. 若能入火取錦者，從所得多少賞若。（《列子·黃帝》）

　　　b. 聖人從外知內，以見知隱也」（《淮南子·說山訓》）

此外，藉由換喻機制，我們可以將凸顯區域由「順從」轉移至其概念成分或屬性，即放任性而擴展出「放任」的語意，如下面的例子所示：

（20）a. 夫從少正長，從賤治貴，而不得操其利害之柄以制之，此所以亂也。（《韓非子·內儲說上》）

　　　b. 莫卷龍須席，從他生網絲。（《李太白全集·白頭吟》）

另一方面，在「跟隨」本義的基礎上，由於一個人跟隨他人通常是爲了從事某種活動，此種相關性與體驗性可以經由換喻的識解運作而擴展出「參與」的動詞性語意（劉瑞紅 2008），如下面的例子所示：

（21）a. 陟彼北山，言采其杞。偕偕士子，朝夕從事。（《詩經·小雅》）

　　　b. 漢興，接秦之獘，丈夫從軍旅，老弱轉糧饟，……（《史記·平準書》）

再者，具有「跟隨」本義的「從」有時會出現在連動式結構中，進而開始產生意義的虛化，如下面的例子〔註9〕所示：

（22）a. 魯人從君戰。（《韓非子·五蠹》）

　　　b. 狐突之子毛及偃從重耳在秦。（《史記·晉世家》）

在上述的例子中，「從」仍然具有「跟隨」的動詞性意義，因此應被視爲是連動式中的第一個動詞成分。在這樣的語法結構中，若第二動詞組所指稱的事件是第一動詞組所指涉事件的目的或結果，則整個連動式所指稱的意義重心通常會轉移至第二個動詞成分而造成「從」的意義虛化（張麗麗 2003）。另一方面，「從」所搭配的賓語除了指稱主語所跟隨的對象外，其還指稱後面動詞所表達動作的參與者〔註10〕，因而「從」開始漸漸的虛化爲用以引介動作參與者，如動作對象或目標的介詞。這種虛化須涉及二種認知機

〔註9〕下文所引用的語例大都來自於中國社會科學院語言研究所古代漢語研究室（1999）所編的《古代漢語虛詞詞典》。

〔註10〕Li and Thompson（1981）把此種句式稱爲軸心句或兼語句（Pivotal Constructions），其屬於連動句式的一個次類。

制才能完成，分別為換喻與動態注意。在（31）的例子中，連動式結構具有指稱某人跟隨某個對象進行某種動作的語意。在此基礎上，換喻可以將連動事件中的凸顯區域由「某人跟隨某個對象」的部分轉移至「某個對象／參與者進行某種動作」的部分，而動態注意則可以將動作概念總體掃描為凸顯動作參與者與動作間靜態關係的概念結構。具體而言，在上古漢語中，我們發現換喻機制將具「**跟隨**」意義的「從」其凸顯區域由「**跟隨**」轉移至述語核心所指稱動作與動作對象或目標之間的關係而產生「**引介空間終點**」的介詞性語意〔註11〕。

「從」產生引介動作對象或目標的介詞性語意的現象可以從下面的例子中得到印證：

（23）a. 綦毋張喪車，從韓厥曰：「請寓乘！」（《左傳・成公二年》）

b. …常從人寄食飲，人多厭之者，……（《史記・淮陰侯列傳》）

在上面的（23）中，「從」已不具有「**跟隨**」的動詞性語意。具體而言，（23）中的「從」具有「**引介空間終點**」的語意，屬於介詞性的語意功能。

此外，藉由概念隱喻與動態注意的機制，「**跟隨**」的動詞性語意由「與人相隨」擴展至「與空間相隨」而產生「**經由**」的介詞性語意，使得「從」產生了「**引介空間路徑**」的用法（馬貝加和徐曉萍 2002；王鴻賓 2007；劉瑞紅 2008）〔註12〕，如下面的例子所示：

（24）a. 祈朱鉏宵從竇出。（《左傳・昭公二十年》）

b. 單子從阪道，劉子從尹道伐尹。（《左傳・昭公二十三年》）

再者，基於路徑圖式的完形結構，路徑通常涵蘊起點的存在，因此「**引介空間路徑**」很容易藉由換喻機制再擴展出「**引介空間起點**」的介詞性語意（馬貝加和徐曉萍 2002；王鴻賓 2007），如下面的例子所示：

（25）a. 舟止，從其所契者入水求之。（《呂氏春秋・察今》）

〔註11〕在本文中，「**引介空間終點**」涵蓋引介動作的方向、對象或運動的終到處等語意。此處的「**引介空間終點**」主要是指引介動作對象的語意。劉子瑜（2011）在區分動作方向、對象與運動終到處的基礎上，認為只有「**引介動作對象**」是由「從」其本義延伸而來，其他二種意義則是由另一個介詞「向」的語意功能類推而來。

〔註12〕馬貝加和徐曉萍（2002）指出，指稱「**經由**」義的「從」其賓語通常由表示處所的名詞擔任，並且在語意上，主語指涉的人與「從」其賓語所指稱的處所始終接觸。

  b. 今旦代從外來，見木禺人與土禺人相與語。(《史記・孟嘗君列

傳》)

  在上述的例子中，「從」搭配其賓語出現在指稱主事者移動的動詞之前，用以引介該動詞所指涉運動事件的空間起點，因而具有介詞的語法及語意功能。

  除了引介空間起點的語意功能外，藉由換喻機制，「從」還可以在動作的空間起點與處所具有相關性的基礎上，擴展出「引介動作處所」的語意功能，如下面的例子所示：

（26）a. 晉靈公不君，厚斂以雕墙，從台上彈人而觀其辟丸也。(《左傳・

宣公二年》)

  b. 吾從北方聞子為梯，將以攻宋。(《墨子・公輸》)

  在上面的例子中，「從」亦不具有「跟隨」的動詞性語意，其最大的語意功能乃是搭配指稱處所的賓語來引介動作發生的地點，因而具有介詞性的語意。以（26a）為例，「從台上」乃是引介主語，即「晉靈公」，進行「彈人」動作的處所。由於一個動作如果涉及到物體的移動，則該動作發生的處所通常也是物體移動的起點。在此種觀點的基礎上，（26a）中的「從」其所引介的「台上」除了是主語進行動作的處所外，亦是動作的工具，即「彈丸」，移動的起點（馬貝加和徐曉萍 2002）。基於上述的相關性，藉由換喻的識解運作，「引介空間起點」可以再擴展出引介動作發生處所的語意功能，因而產生「引介動作處所」的介詞性語意〔註13〕。

  除了介詞性的空間語意外，藉由「時間就是空間」的概念隱喻，「從」還可以將「引介空間起點」映射至時間認知域，進而產生「引介時間起點」的介詞性語意，如下面的例子所示：

（27）a. 名寶散出，土地四削，魏國從此衰矣。(《呂氏春秋・審應覽第六》)

  b. 自孝文更造四銖錢，至是歲四十餘年，從建元以來，用少，縣官

   往往即多銅山而鑄錢，民亦閒盜鑄錢，不可勝數。(《史記・平準

書》)

〔註13〕馬貝加和徐曉萍（2002）也指出，看視動詞與言談動詞進入連動式主要動詞
  的位置是造成「從」產生「引介動作處所」的另一個原因。在這樣的結構中，
  由於主語指稱的主事者並沒有移動，因此「從」所引介的動作起點同時也是
  動作的處所，這種相關性使得二者之間的概念擴展得以產生。

綜合以上所述，「從」在歷時層面的介詞化歷程可以用下圖來表示：

圖 6.4 「從」在歷時層面的介詞化歷程

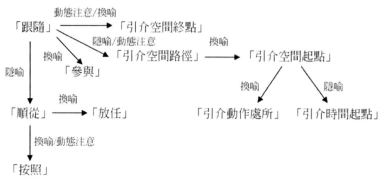

從上圖所示的介詞化歷程可以有幾項的發現：首先，「從」在共時層面獨自使用時，其存在著具有「**引介時間起點**」語意的義項，但是卻缺乏引介空間相關概念的義項，如「**引介空間起點**」、「**引介空間路徑**」與「**引介空間終點**」等，顯示「從」在歷時層面所產生的介詞性空間概念已在共時層面的臺灣閩南語中大量的丟失。再者，「從」在歷時層面所具有的「**跟隨**」本義在共時層面的臺灣閩南語中已消失殆盡而不存在於獨立使用的用法之中，其只存在於複合詞或慣用語之中。

值得一提的，根據本文先前的論述，「自」與「從」在共時層面的臺灣閩南語中共同構成專門用以引介時間起點的複合介詞，即「自從」。如果從歷時的角度來看，在漢語雙音化的趨勢與「自」、「從」同義關係的影響下，「自從」在上古漢語時期即具有引介時間起點的語意（馬貝加和徐曉萍 2002；劉瑞紅 2008；張會蘭 2009）〔註14〕，如下面的例子所示：

（28）a. 威王問於莫敖子華曰：「自從先君文王以至不穀之身，亦有不爲爵勸，不爲祿勉，以憂社稷者乎？」（《戰國策・楚一》）

　　　b. 自從窮蟬以至帝舜，皆微爲庶人。（《史記・虞舜本紀》）

在上面的例子中，「自從」都具有引介情境時間起點的語意功能。由於「自」與「從」在上古漢語即有引介時間起點的語意，並且「自從」在上古漢語缺

〔註14〕馬貝加和徐曉萍（2002）認爲「自從」的介詞用法最早見於漢代的《史記》，但是我們的語料卻顯示「自從」引介時間起點的介詞用法在先秦時期的《戰國策》中就有語例的存在。

乏引介空間起點的用法，因此我們認為「自從」是在「自」與「從」產生引
介時間起點用法之後才複合而成的，並且保留在現代的臺灣閩南語之中。

6.4 小　結

綜合本章的論述，我們除了可以從歷時的語法化角度了解臺灣閩南語產
生時間起點概念的認知歷程外，亦可以發現臺灣閩南語各時間起點介詞在概
念化過程的差異性。就「對」在歷時層面的介詞化歷程而言，我們發現其具
有「「對答」→「面對」→「引介空間終點」→「引介空間路徑」」的概念擴
展歷程。此外，如果將「對」在歷時層面的概念化歷程與臺灣閩南語的「對」
在共時層面的概念化歷程作比較，我們可以發現「對」在歷時層面並沒有從
「引介空間路徑」再依序擴展出「引介空間起點」與「引介時間起點」等介
詞性語意，因而與共時層面的「對」不同。我們認為，這顯示此部分的概念
化歷程是在臺灣閩南語內部獨自產生的，而不是古漢語的滯留。再者，藉由
共時層面與歷時層面的考察，我們也發現臺灣閩南語「對」所指稱的時間起
點概念乃是間接地延伸於動作的空間目標或終點概念，顯示「對」是以目標
或終點概念為概念化根源的時間起點介詞。

就「按」在歷時層面的介詞化而言，我們發現其具有「「輕壓不動」→
「引介空間終點」／「按照」→「引介空間路徑」→「引介空間起點」」的
概念化歷程。如果將此介詞化歷程拿來與臺灣閩南語共時層面的「按」作比
較，我們可以發現，雖然「按」在臺灣閩南語中仍然保留著「引介空間終點」、
「引介空間路徑」與「引介空間起點」等語意，然而其在臺灣閩南語中還具
有引介時間起點此一古代漢語所沒有的介詞性語意，顯示這種概念亦是在臺
灣閩南語內部獨自產生的，而非古代漢語的滯留。上述的發現亦顯示，臺灣
閩南語的「按」與「對」一樣都是以目標或終點概念為概念化根源的時間起
點介詞。

最後，就「從」產生時間起點概念的語法化過程而言，其在歷時層面具
有「「跟隨」→「引介空間路徑」→「引介空間起點」→「引介時間起點」」
的介詞化歷程。如果從歷時的層面來看，「從」在共時層面缺乏「引介空間終
點」的原因是因為上古漢語義項在臺灣閩南語中的丟失。在本章所述的基礎
上，我們可以用下列的表格呈現時間起點介詞在共時與歷時層面上的概念化
差異：

表 6.1 時間起點介詞的概念化比較

時間起點介詞	引介的概念類型		共時層面	歷時層面	介詞性語意的歷時概念化歷程	備　註
對	空間	起點	＋	－	「對答」→「面對」→「引介空間終點」→「引介空間路徑」	歷時層面缺乏「引介空間起點」與「引介時間起點」語意
		路徑	＋	＋		
		終點	＋	＋		
	時間	起點	＋	－		
按	空間	起點	＋	＋	「輕壓不動」→「引介空間終點」／「按照」→「引介空間路徑」→「引介空間起點」	歷時層面缺乏「引介時間起點」語意
		路徑	＋	＋		
		終點	＋	＋		
	時間	起點	＋	－		
從	空間	起點	＋	＋	「跟隨」→「引介空間路徑」→「引介空間起點」→「引介時間起點」	
		路徑	－	＋		
		終點	－	＋		
	時間	起點	＋	＋		

　　除了上述的發現之外，本章的研究也顯示換喻、動態注意與概念隱喻是「對」、「按」與「從」其介詞化過程中普遍涉及的識解運作，這些認知機制可以妥適的說明上述時間起點介詞的概念化成因。此外，藉由這種歷時層面的概念化探討，一方面可以分別驗證與填補臺灣閩南語各時間起點介詞在共時層面的概念化歷程與空缺，另一方面也體現出「對」、「按」與「從」等介詞的語法化過程在語意層面上乃是一種「「人」／「物體」→「空間」→「時間」」、「「具體概念」→「抽象概念」」或是「「時間關係」→「非時間關係」」的概念化過程，顯示認知語言學的「人類中心說」具有語言的普遍性。

第七章 結 論

　　本論文旨在從認知語言學的觀點，透過時間起點介詞的語法及語意表現，探討臺灣閩南語如何概念化時間起點概念。在本論文中，我們探究了臺灣閩南語時間起點介詞的時間概念結構、空間概念結構與跨時空認知域概念擴展的概念化過程。具體而言，本論文的研究對象乃是鎖定在「對（ui3）」、「對（tui3）」、「按」、「自」、「從（tsiong5）」與「從（tsing5）」等可以引介時間起點的介詞。此外，我們的研究範圍限定在探討時間域與空間域中的概念化，其主要的原因在於空間域與時間域是擴展出其他抽象認知域的基礎，因此在概念化的研究議題上具有基本性與重要性。再者，由於空間概念結構是時間概念最直接的概念化根源，因此探討空間域與時間域的概念化能讓我們了解時間起點概念的概念化過程。另一方面，在「對（ui3）」、「對（tui3）」、「按」、「自」、「從（tsiong5）」與「從（tsing5）」的時空概念結構具有相同性與相異性的基礎上，我們不但可以根據其語意上的相同性歸納出由空間概念擴展出時間起點概念的認知歷程，亦能夠依據其語意上的相異性了解臺灣閩南語如何將時間起點概念映射至不同的介詞之上。

　　根據我們所作的文獻探討，本論文涉及時間與空間的概念化關係與無時制語言的時間表達等二個時間研究的領域。由於這些議題很少以臺灣閩南語為研究對象，因此激發了我們的研究動機，並且凸顯出本論文的研究價值。在上述的二個時間研究領域內，本論文具體的研究議題有三：（一）臺灣閩南語各時間起點介詞所引介的時間概念結構與各種情境類型的搭配性為何？其在情境類型中的語意功能為何？其對同屬無時制語言的臺灣閩南語在時間表

達上有何作用？（二）臺灣閩南語時間起點介詞所引介的時間概念是以何種空間概念結構為基礎所產生？（三）臺灣閩南語時間起點介詞所引介的時間概念結構是藉由何種概念化或語法化手段才能從空間概念結構延伸？就第一個議題而言，相關的文獻已顯示，對一個無時制語言而言，由情境類型與動貌觀點所組成的動貌訊息其在時間的表達上具有重要性。在臺灣閩南語亦是一種無時制語言的基礎上，我們一方面可以藉由時間起點介詞來使情境類型所表達的時間意義明確化，另一方面也可以藉由情境類型來界定時間起點介詞所引介的意義。在時間起點介詞與情境類型具有緊密關係的前提之下，上述的第一個議題除了能讓我們得知臺灣閩南語其時間起點的概念結構外，也能使我們釐清時間起點概念與情境類型之間的語意關係。就第二與第三個議題而言，相關的文獻也已表明，語言中的時間概念大都可以由空間概念擴展而出，其中空間概念結構通常可以透過意象圖式來加以表徵。再者，在時空概念化或語法化的過程中，概念隱喻、換喻與動態注意等認知機制扮演著關鍵的角色，因此上述第二與第三個議題可以讓我們明白臺灣閩南語如何利用上述的認知機制而從空間認知域擴展出時間起點概念。

　　為了探討上述的議題，本論文以闡釋概念化歷程的相關認知語言學理論，如概念隱喻／換喻理論、意象圖式理論、動態注意理論與語法化理論等作為主要的理論框架，並且採用建立在認知語意學與認知語法理論基礎上的研究方法。根據這些理論與研究方法，我們可以透過語言結構的語法表現來窺探其語意的結構或功能，並進一步從具體驗性的認知角度來解釋其語意結構的成因。換句話說，由於語意、概念結構與語法表現間具有緊密的關聯，因此我們可以藉由臺灣閩南語各時間起點介詞的語法表現來分析及驗證其語意的差異性與相同性，再從概念化的角度來說明各時間起點介詞的語意區別，並歸納出時空概念之間的概念化歷程。

　　在本論文的語料來源方面，我們所使用的語料分別來自語料庫、研究文獻、作者語感與臺語文辭典。其中楊允言先生所建立的「台語文語詞檢索」語料庫為本論文最主要的語料來源，其他來源則佔有輔助性的角色。由於語料庫具有量化分析上的優勢，因此本論文也針對「台語文語詞檢索」語料庫進行相關的量化分析，一方面能夠藉以強化語言現象的客觀性，另一方面也可以針對我們的相關論點給予強固的佐證。

　　就本文的研究發現而言，在探討時間起點概念如何映射至語法形式而

產生時間語意的第一個議題上，我們發現在臺灣閩南語中，時間起點概念分別映射至「對（ui3）」、「對（tui3）」、「按」、「自」、「從（tsing5）」與「從（tsiong5）」等多種的介詞形式之上。上述的映射關係使得臺灣閩南語的時間起點介詞都可以搭配指稱或涵蘊時間起點概念的賓語，並遵循著「時間順序原則」而出現在述語核心之前以引介情境的時間起點。在時間語意的層面上，我們發現臺灣閩南語的時間起點介詞具有下列的相似性：（一）各時間起點介詞都具有引介時間起點概念的核心語意功能，並且涵蘊情境的持續存在或陸續發生。（二）各時間起點介詞與其賓語所組成的狀語可以指稱明確的時間訊息，因而具有表達時間關係的功能。（三）各時間起點介詞傾向於不與有終事件共現，此乃肇因於時間起點的概念結構與有終事件的概念結構相互矛盾所致。（四）時間起點與無終事件、狀態變化事件及狀態等三種情境結合時會產生情境持續存在或陸續發生的語意涵蘊，此現象可以從「路徑」意象圖式與完形心理學的角度來加以解釋。

　　儘管各時間起點介詞在引介的時間語意上具有極高的相似性，但是為了符合語言的經濟性要求，各時間起點介詞在語用功能或語法分布上大都呈現出些許的特異性以維護語言的表達功能。具體而言，在語料庫量化分析的基礎上，本文發現各時間起點介詞在語用功能或語法分布上的特異性表現在幾個方面，分別為：搭配介詞賓語的頻率、意義的強化型態和與其他詞語的共現情況等。這些語法上的差異性亦呈現出各時間起點介詞在時間語意上的差異性。在與介詞賓語的共現型態上，雖然大部份的時間起點介詞都可以搭配時間關係賓語與非時間關係賓語，然而在與事件賓語的搭配型態上，我們發現「自」與「從（tsing5）」搭配事件賓語的頻率遠高於其他的時間起點介詞，呈現出二者的特殊性，由於時間起點介詞具有將事件賓語所指稱的事件概念化或強制解讀為時間起點並賦予時間持續涵蘊的語意功能，因此「自」與「從（tsing5）」與事件賓語的高共現頻率顯示二者在所有的時間起點介詞中具有最強的強制解讀功能。此外，無論是何種時間起點介詞，其搭配事件賓語時大都具有將事件的完結狀態設想為起點的語意功能，然而搭配其他類型賓語時則大都只單純地具有引介情境起點的語意功能，顯示時間起點介詞的語意功能會受到其賓語類型的制約。再者，相較於其他時間起點介詞可以引介發生在過去、現在或未來的時間起點，白讀的「從（tsing5）」卻只能搭配賓語來引介位於過去的時間起點，這一方面呈現出「從（tsing5）」在語意上的特殊性，

另一方面也顯示「**過去**」在臺灣閩南語中具有特殊性，因而驗證了時間概念結構具有不對稱性的看法。在時間起點的強化型態方面，時間起點概念可以與「開始」／「起」或「了後」類型詞語共現來分別強化時間起點概念或情境過程的持續。其中，由於「開始」／「起」與「時間起點介詞＋事件賓語」的語意功能相互衝突，使得時間起點介詞搭配事件賓語時大都傾向於不與「開始」／「起」共現。在與「了後」類型詞語的共現率方面，我們除了發現「對（tui3）」、「按」、「自」和「從（tsiong5）」與「了後」類型詞語具有較高的共現率外，也發現「對（tui3）」和「從（tsiong5）」與「了後」類型詞語的共現頻率分別高於形式相近的「對（ui3）」和「從（tsing5）」，並且文讀形式的「從（tsiong5）」與「了後」類型詞語的共現頻率遠高於其他的介詞。這些語法上的差異性顯示「對（tui3）」、「按」、「自」和「從（tsiong5）」四者在引介時間起點概念的同時亦著重於時間起點的「**持續**」涵蘊。在與其他詞語的共現方面，大部分的時間起點介詞都可以與介詞「到」或副詞「就」共現來分別指稱時段或反時間預期的概念。具體而言，除了文讀的「從（tsiong5）」外，其他的時間起點介詞都一方面可以與「到」介詞組共現而形成「時間起點介詞＋時間詞語1＋「到」＋時間詞語2」的語法結構來指稱情境持續的時段，另一方面也可以與副詞「就」及擔任述語核心的形容詞組或動詞組搭配而形成「時間起點介詞＋時間詞語＋「就」＋述語核心」的語法結構來指稱情境的時間起點與持續時間分別早於及長於談話者的預期。此外，就「時間起點介詞＋時間詞語＋「就」＋述語核心」的組成成分而言，我們一方面發現「對（ui3）」、「自」和「從（tsing5）」與「就」具有較高的共現率，另一方面也發現「對（ui3）」和「從（tsing5）」雖然分別與「對（tui3）」和「從（tsiong5）」具有相近的形式，但是「對（ui3）」和「從（tsing5）」與「就」共現的傾向性高於「對（tui3）」和「從（tsiong5）」。由於具有反時間預期功能的「就」涵蘊著事件發生的時間較預期的早，因此具有「**極早**」的語意涵蘊。在此基礎上，「對（ui3）」、「自」和「從（tsing5）」與「就」的高共現傾向顯示上述三者亦具有「**極早**」的語意涵蘊。

在本文的第二與第三個議題的探討方面，我們發現在共時的層面上，臺灣閩南語時間起點介詞其空間概念基礎與空間認知域內部及跨時空認知域的概念化歷程同時具有差異性與共同性。就差異性而言，首先，「對（tui3）」／「對（ui3）」與「按」在共時層次的空間意義具有較高的分布頻率，而「自」

與「從（tsiong5）」／「從（tsing5）」則否。其次，「對（tui3）」／「對（ui3）」與「按」在概念化過程中所產生的空間意義仍然保留在現今的臺灣閩南語中，然而「自」與「從（tsiong5）」／「從（tsing5）」的空間意義則已經大幅的削弱或消失，因此後者可以被視為是時間概念取向的時間起點介詞。就「自」與「從（tsiong5）」／「從（tsing5）」而言，其在共時層面的概念化歷程還具有幾項的差異性：（一）相較於其他時間起點介詞都具有動詞性本義，「自」只具有代詞性的本義，即「自己」。（二）「自」在概念化歷程中沒有產生具目標性或對象性的概念，致使缺乏產生「引介空間終點」意義的根源而無法擴展出「引介空間終點」的語意，然而「從（tsiong5）」／「從（tsing5）」則否。（三）「自」在共時層面的概念化過程並不涉及動態注意機制而與其他時間起點介詞不同。（四）現代漢語的時間起點介詞「自」與「從」都存在著普遍性的空間意義，然而臺灣閩南語其「自」與「從」的空間意義已在現今的語言中大幅的削弱或消失。再者，現代漢語的「自」與「從」只能引介運動事件的空間起點與路徑而不能引介空間終點，因此與臺灣閩南語的「對（tui3）」／「對（ui3）」與「按」等介詞不同，顯示臺灣閩南語的時間起點介詞不但種類較多，並且其空間多義性的涵蓋範圍亦較現代漢語來的寬廣。最後，就具有空間意義普遍性的時間起點介詞而言，雖然證據顯示「對（ui3）」與「對（tui3）」具有相同的概念化根源，然而在語言的使用上，「對（ui3）」傾向於引介空間起點，因此可被視為起點取向的介詞，而「對（tui3）」與「按」等則傾向於引介空間終點，因此可被視為終點取向的介詞。此外，「對（tui3）」／「對（ui3）」與「按」的動詞性本義具有不同的語意屬性，即「對（tui3）」的動詞性本義具有較高的水平性與面對性；「對（ui3）」具有略低於「對（tui3）」的水平性與面對性；「按」具有較低程度的水平性或較高程度的垂直性，並且不具有面對性。上述的語意屬性都會滯留在三者的介詞性空間語意上，使其呈現出不同的語意與語法特徵。上述的發現顯示，儘管臺灣閩南語各時間起點介詞具有相似的時間語意，但是其空間意義與空間認知域內部的概念化歷程卻有所不同。

就共同性而言，首先，「對（tui3）」／「對（ui3）」與「按」都具有分別指稱物體移動的起點、路徑與終點的介詞性語意，並且在映射空間起點概念時，其與動詞的相對詞序都遵循著「時間順序原則」，但在映射路徑及終點概

念時則否。這種遵循「時間順序原則」來概念化空間起點的特性亦藉由隱喻的機制映射至時間域，使得「對（tui3）」／「對（ui3）」與「按」亦遵循著相同的原則來概念化情境的時間起點。「時間順序原則」在「對（tui3）」／「對（ui3）」與「按」上的運作型態與古漢語的處所介詞具有相似性與相異性，其中二者的相似性顯示「時間順序原則」在「對（tui3）」／「對（ui3）」與「按」上的運作並不是一種孤立的現象。再者，「對（tui3）」／「對（ui3）」與「按」在引介空間概念上的多義性可以被視爲是肇因於在同一個背景框架上凸顯不同的組成成分，並且其意象圖式存在者多種的變體，這些變體使得句子可以表達更爲細緻的語意。最後，「對（tui3）」／「對（ui3）」與「按」的動詞性本義可以充當原始情境，進而透過動態注意、換喻、隱喻或體驗性等概念化機制而得以在同一個認知域內或不同的認知域之間進行概念的擴展。此外，上述的概念擴展大都具有「動詞→介詞」與「「空間」→「時間」」的歷程，符合語法化研究所得出的結論。

　　除了共時層面的語言證據外，藉由對古漢語進行歷時角度的語法化探討，我們一方面可以驗證與填補臺灣閩南語時間起點概念在共時層面的概念化歷程與空缺，另一方面也可以發現臺灣閩南語各時間起點介詞在概念化歷程的特異性。由於「自」在甲骨文時期就已發展出包含時間起點在內的多種介詞性語意，在本文所採用古漢語語料的限制下，我們只能針對「對」、「按」與「從」進行歷時的語法化考察。基於歷時概念化的分析是爲了驗證共時層面的時空概念化歷程是否爲眞，因此本文將歷時考察的範圍設定在探討這三個介詞由動詞擴展至介詞背後所涉及的概念化歷程與機制。在共時層面概念化歷程的驗證方面，歷時角度的語法化研究顯示換喻、動態注意與概念隱喻等識解運作是「對」、「按」與「從」等介詞產生時間起點概念所憑藉的認知機制。此外，「對」、「按」與「從」等介詞在語意層面上的語法化過程亦呈現出「「人」／「物體」→「空間」→「時間」」、「「具體概念」→「抽象概念」」或是「「時間關係」→「非時間關係」」的概念化過程。上述的這些發現都驗證了本文在共時層面對臺灣閩南語其時間起點概念化所作的研究。在時間概念化歷程的特異性方面，藉由比較「對」、「按」與「從」等介詞在共時與歷時層面上的概念化歷程，我們可以發現臺灣閩南語的時間概念化歷程具有某種程度的獨特性。就「對」而言，我們發現其在古漢語中並沒有從「引介空間路徑」再依序擴展出「引介空間起點」與「引介時間起點」等介詞性語意，

因而與臺灣閩南語的「對」不同，顯示這部分的概念化歷程是在臺灣閩南語內部獨自產生的，而不是古漢語的滯留。再者，歷時層面的考察也顯示臺灣閩南語「對」所指稱的時間起點概念乃是間接地延伸於動作的空間目標或終點概念，顯示「對」是以目標或終點概念爲概念化根源的時間起點介詞。就「按」而言，我們發現其在臺灣閩南語中仍然保留著「引介空間終點」、「引介空間路徑」與「引介空間起點」等古漢語時期所產生的語意，然而「按」在臺灣閩南語中還具有「引介時間起點」此一古代漢語所沒有的介詞性語意，顯示這種概念亦是在臺灣閩南語內部獨自產生的，而非古代漢語的滯留。上述的發現亦顯示，臺灣閩南語的「按」與「對」一樣都是以目標或終點概念爲概念化根源的時間起點介詞。最後，就「從」而言，其歷時層面上亦擴展出「引介空間終點」的語意。雖然「從」在共時的層面上缺乏「引介空間終點」的語意，但是從歷時的層面來看，「從」在共時層面缺乏「引介空間終點」的原因是因爲上古漢語義項在臺灣閩南語中的丟失。

　　除了本文的研究對象之外，臺灣閩南語還有其他可以指稱或引介時間概念的詞語，其時空語意的概念化歷程值得進一步的研究。這些詞語包括「到」（到）、「過」（過）與「透」（透）〔註1〕等，其中「到」可以引介時間終點，如「到明仔載伊就會知影」（到明天他就會知道），而「過」與「透」則能指稱時間過程，分別如「過兩、三個月，榮仔白話字就學會曉讀」（過兩、三個月，榮仔的白話字就學會怎麼讀）與「伊透日佇洗衫仔店熨衫」（她整天在洗衣店燙衣服）等例子。上述的詞語有些會在時間認知域內部進行概念的擴展。舉例而言，「過」在臺灣閩南語中除了具有前述表達時間經過的動詞用法之外，尚可以充當指稱經驗貌的動貌標誌（Lien 2000），如「伊有去過台北」（他去過台北）。不管是指稱時間的經過或是經驗動貌皆屬於時間認知域的概念，而這些概念間則涉及一種概念擴展的關係。在此基礎上，這些詞語藉由何種的概念化機制來進行同一認知域內部的概念擴展值得後續的探討。此外，「到」、「過」與「透」也具有空間意義。舉例來說，「到」可以表示人或物體的到達與引介空間運動的目標，分別如「伊到台北矣」（她到台北了）與「伊到公園散步」（她到公園散步）；「過」可以指稱空間中的運動，如「過車路」（過馬路）與「經過學校」（經過學校）；「透」則可以指稱空間的貫穿或直達，如「這條路透海邊」（這條路直達海邊）。上述這些詞語在時空認知域中的多

〔註1〕 「到」、「過」與「透」的讀音分別爲 kau3、kue3 與 thau3。

義性及其概念擴展背後的認知機制與歷程都是後續研究所要探究的議題。探討這些議題除了有助於了解臺灣閩南語如何概念化時間結構的各個層面外，由於這些時間詞語本身乃是隸屬於語法層面的成分，因此探討這些議題尚能體現語法、語意與概念三者之間的緊密聯繫，對認知語言學理論假設的驗證有所貢獻。

參考文獻

英文參考書目

1. Biq, Y.-O. 1988. From focus in proposition to focus in speech situation: *cai* and *jiu* in Mandarin Chinese. *Journal of Chinese Linguistics* 16:72-108.

2. Biq, Y.-O., J. Tai, and S. Thompson. 1996. Recent Developments in Functional Approaches to Chinese. In C.-T. J. Huang and Y.-H. A. Li（Eds.）, *New Horizons in Chinese Linguistics*. Netherlands: Kluwer Academic Publishers, 97-140.

3. Boroditsky, L. 2000. Metaphoric Structuring: Understanding time through spatial metaphors. *Cognitio*（75）, 1-28.

4. Bybee, J. L. 2002. Cognitive processes in grammaticalization. In M. Thomasello, editor, *The New Psychology of Language,volume II*. New Jersey: Lawrence Erlbaum Associates Inc..

5. Casasanto, D. & Boroditsky, L. 2008. Time in the Mind: Using space to think about time. *Cognition*（106）, 579–593.

6. Chu, C. 1976. Some semantic aspects of action verbs. *Lingua* 40. 43-54.

7. Clark, H. H. 1973. Space, time, semantics, and the child. In Timothy E. Moore.（ed）, *Cognitive Development and the Acquisition of Language*. New York: Academic Press, 27-63.

8. Clausner, Timothy & Croft, William. 1999. Domain and image schemas. *Cognitive Linguistics*. 10（1）: 1-31.

9. Comrie, Bernard. 1976. *Aspect*. Cambridge: Cambridge University Press.

10. Comrie, Bernard. 1986. *Tense*. Cambridge: Cambridge University Press.

11. Croft, William. 1993. The role of domains in the interpretation of metaphors and metonymies. *Cognitive Linguistics* 4（4）: 335-370.

12. Croft, William. 1998. Linguistic evidence and mental representations. *Cognitive Linguistics* 9: 151-73.

13. Croft, William, & D. Alan Cruse. 2004. *Cognitive Linguistics*. Cambridge: Cambridge University Press.

14. Dirven, Ren. 2005. Major strands in cognitive linguistics. In Ruiz de Mendoza Ib nez, Francisco J., and M. Sandra Pena Cervel（eds.）, *Cognitive Linguistics: Internal Dynamics and Interdisciplinary Interaction*, 17-68. Berlin/New York: Mouton de Gruyter.

15. Dowty, David. 1991. Thematic Proto-Roles and Argument Selection. *Language* 67（3）. 547-619.

16. Evans, Vyvyan. 2003. *The Structure of Time: Language, Meaning, and Temporal Cognition.* Amsterdam: John Benjamins.

17. Evans, Vyvyan and Green, Melanie. 2006. *Cognitive Linguistics: An Introduction*. Edinburgh: Edinburgh University Press.

18. Fillmore, Charles J. 1982. Frame Semantics. In The Linguistics Society of Korea, ed., *Linguistics in the Morning Calm*, 111-138. Seoul: Hanshin.

19. Gibbs, Raymond W. 1994. *The poetics of mind: Figurative thought, language, and understanding.* Cambridge: Cambridge University Press.

20. Gibbs, Raymond W. & Herbert Colston. 1995. The cognitive psychological reality of image schemas and their transformations. *Cognitive Linguistics* 6（4）: 347-378.

21. Goldberg, Adele. 1995. *Constructions: A Construction Grammar Approach to Argument Structure.* Chicago: University of Chicago Press.

22. Grady, Joseph E. 1997. THEORIES ARE BUILDINGS revisited. *Cognitive Linguistics* 8:267-90.

23. Grady, Joseph E. 1998. "The conduit metaphor" revisited: a reassessment of metaphors for communication. *Bridging the gap: discourse and cognition*, ed. Jean-Pierre Koenig, 205-18. Stanford, Calif.: Center for the Study of Language and Information.

24. Haiman, John. 1980. The Iconicity of Grammar: Isomorphism and Motivation. *Language*, Vol 56: 515-540.

25. Haspelmath, Martin. 1997. *From space to time: Temporal adverbials in the world's languages.*（Lincom Studies in Theoretical Linguistics, 3.）Munich & Newcastle: Lincom Europa

26. Heine, B., Ulrike Claudi, and F. Hunnemeyer. 1991. *Grammaticalization: A conceptual framework.* Chicago: The University of Chicago Press.

27. Herskovits Annette. 1986. *Language and spatial cognition*. Cambridge: Cambridge University Press.

28. Hopper, Paul J. 1991. On some principles of grammaticization. *Annual Review of Anthropology* 25: 217-36.

29. Hopper, Paul J. and Traugott, Elizabeth C. 1993. *Grammaticalization.* Cambridge: Cambridge University Press.

30. Jackendoff, R. 1990. *Semantic structures.* Cambridge: MIT Press.

31. Johnson, Mark. 1987. *The body in the mind: the bodily basis of reasons and imagination.* Chicago: University of Chicago Press.
   *Journal of East Asian Linguistic*s 3: 107-46.

32. Kathleen Ahrens and Chu-Ren Huang. 2002. Time Passing Is Motion. *Language and Linguistics* 3.3: 491-519.

33. Lai, Huei-ling. 2002. The grammaticalization of the verb DO in Hakka. *Journal of Chinese Linguistics* 30.2: 370-391.

34. Lakoff, George. 1987. *Women, Fire, and Dangerous Things.* Chicago: University of Chicago Press.

35. Lakoff, George. 1993. The Contemporary Theory of Metaphor. In A. Ortony（Ed.）*Metaphor and thought*（2nd ed., pp.202-251）. Cambridge: Cambridge University Press.

36. Lakoff, George and Mark Johnson. 1980. *Metaphors We Live By.* Chicago: University of Chicago Press.

37. Lakoff, George and Mark Johnson. 2003 [1980]. *Metaphors We Live By.* Chicago: University of Chicago Press.

38. Lakoff, George and Mark Turner. 1989. *More than Cool Reason: A Field Guide to Poetic Metaphor.* Chicago: University of Chicago Press.

39. Langacker, Ronald W. 1987. *Foundations of Cognitive Grammar. Vol.1, Theoretical Prerequisites.* Stanford: Stanford University Press.

40. Langacker, Ronald W. 1990. Subjectification. *Congnitive Linguistics* 1: 5-38.

41. Langacker, Ronald W. 1991. *Foundations of Cognitive Grammar. Vol. II, Descriptive Application.* Stanford: Stanford University Press.

42. Langacker, Ronald W. 1993. Reference-point constructions, *Cognitive Linguistics* 4（1）: 1-38.

43. Langacker, Ronald W. 1999. *Grammar and Conceptualization.* Berlin/New York: Mouton de Gruyter.

44. Langacker, Ronald W. 2000 [1999]. *Grammar and Conceptualization.* Berlin/New York: Mouton de Gruyter.

45. Langacker, Ronald W. 2001. Dynamicity in grammar. In *Axiomathes* 12: 7-33.

46. Langacker, Ronald W. 2002. *Concept, Image, and Symbol: The Cognitive Basis of Grammar.* Berlin/New York: Mouton de Gruyter.

47. Langacker, Ronald W. 2007. *Ten Lectures on Cognitive Grammar By Ronald Langacker.* Gao Yuan and Li Fuyin（eds.）. Beijing: Foreign Language Teaching and Research Press.

48. Levin, Beth. 1993. *Verb Classes and Alternation*. Chicago: University of Chicago Press.

49. Li, Charles N. and Thompson, Sandra A. 1981. *Mandarin Chinese: a Functional Reference Grammar.* University of California Press.

50. Lien, Chinfa. 2000. A Frame-based Account of Lexical Polysemy in Taiwanese. *Language and Linguistics* 1.1: 119-138.

51. Light, Timothy. 1979. Word order and word order change in Mandarin Chinese. *JCL* 7, 149-180.

52. Lin, Jo-wang. 2006. Time in a language Without Tense: The case of Chinese. *Journal of Semantics* 23: 1-53.

53. Liu, Mei-Chun. 1994. Discourse Explanations for the Choice of *Jiu* and *Cai* in Mandarin Conversation. *Chinese Languages and Linguistics 2*. 671-709. Taipei: Academia Sinica.

54. Liu, Mei-Chun. 2002. *Mandarin Verbal Semantics: A Corpus-based Approach*. Taipei: Crane Publishing Co.

55. Lyons, John. 1977. *Semantics*. Cambridge: Cambridge University Press.

56. Nunberg, Geoffrey. 1995. Transfers of meaning. *Journal of Semantics* 12: 109-32.

57. Núñez R. 2007. Inferential Statistics in the Context of Empirical Cognitive Linguistics. In: M González-Márquez, I Mittelberg, S Coulson, & M Spivey （Eds.）, *Methods in Cognitive Linguistics*, 87-118. Philadelphia PA: John Benjamins.

58. Núñez, R. & Sweetser, E. 2006. With the Future Behind Them : Convergent Evidence From Aymara Language and Gesture in the Crosslinguistic Comparison of Spatial Construals of Time. *Cognitive Science*, 30（3）, 401-450.

59. Oakley, Todd. 2007. Image schema. In Dirk Geeraerts and Hubert Cuyckens （eds.）, The Handbook of Cognitive Linguistics, 214-235. Oxford: Oxford University Press.

60. Peyraube, Alain. 1994. On the History of Chinese Locative Prepositions. *Zhongguo Jing Nei Yuyan ji Yuyan Xue* 2: 361-387.

61. Peyraube, Alain. 1996. Recent Issues in Chinese Historical Syntax. In *New Horizon in Chinese Linguistics*, C–T James Huang, and Y.–H. Audrey Li （eds.）, 161-214. Dordrecht: Kluwer Academic Publishers. 。

62. Pustejovsky, James. 1995. *The Generative Lexicon*. Cambridge. Massachusetts: MIT Press.

63. Radden, Günter. 2003. The Metaphor TIME AS SPACE across Languages. Baumgarten, Nicole/Böttger, Claudia/Motz, Markus/Probst, Julia （eds.）, Übersetzen, Interkulturelle Kommunikation, Spracherwerb und Sprach-vermittlung-das Leben mit mehreren Sprachen. Festschrift für

Juliane House zum 60. Geburtstag. *Zeitschrift für Interkulturellen Fremdsprachenunterricht* [Online], 8（2/3）. 1-14.

64. Reichenbach, Hans. 1947. *Elements of Symbolic Logic*. London: Macmillan.

65. Smith, Carlota S. 1990. Event types in Mandarin. *Linguistics*, Vol. 28, pp.309-336.

66. Smith, Carlota S. 2006. The pragmatics and semantics of temporal meaning. In P. Denis, E. McCready, A. Palmer, & B. Reese （eds）, *Proceedings, Texas Linguistics Forum 2004*. Cascadilla Press. In press.

67. Smith, Carlota S. and Mary S. Erbaugh 2001. Temporal information in sentences of Mandarin. In Xu Liejiong and Shao Jingmin, editors in chief; editors K.K. Luke, Shao Jingmin, Shan Zhourao and Xu Liejiong *New Views in Chinese Syntactic Research -- International Symposium on Chinese Grammar for the New Millenium*. Hangzhou: Zhejiang Jiaoyu Chuban she.

68. Smith, Carlota S. and Mary S. Erbaugh 2005. Temporal interpretation in Mandarin Chinese. *Linguistics*, Vol. 43, no.4: 713-756.

69. Sweetser, E. 1984. *Semantic structure and semantic change: A cognitive linguistic study of modality, perception, speech acts, and logical relations*. Doctoral dissertation, University of California, Berkeley.

70. Sweetser, E. 1991. *From Etymology to Pragmatics: Metaphorical and Cultural Aspects of Semantic Structure*. Cambridge: Cambridge University Press.

71. Tai, James H.-Y. 1984. Verbs and times in Chinese: Vendler's four categories. *Papers from the Parasession on Lexical Semantics*. Chicago: Chicago Linguistics Society, 289-296.

72. Tai, James H.-Y. 1985. Temporal sequence and word order. In John Haiman （ed.）, *Iconicity in Syntax*, Amsterdam: John Benjamins, 49-72.

73. Tai, James H.-Y. 1989. Toward a cognition-based functional grammar of Chinese. *Functionalism and Chinese Grammar*, ed. by H-Y. Tai and Frank Hsueh, 187-226. South Orange: Chinese Language Teachers Association.

74. Tai, James H.-Y. 1993. Iconicity: Motivations in Chinese Grammar. In M. Eid and G. Iverson （eds.） *Principles and prediction: The Analysis of Natural Language*. Amsterdam/Philadelphia: John Benjamins.

75. Tai, James H.-Y. 2005. Conceptual structure and conceptualizations in Chinese grammar. *Language and Linguistics* 6.4: 539-574.

76. Talmy, Leonard. 1972. *Semantic structures in English and Atsugewi*. Ph.D. dissertation, Department of Linguistics, University of California, Berkeley.

77. Talmy, Leonard. 1977. Rubber sheet cognition in language. *Papers from the Thirteenth Regional Meeting*, Chicago Linguistic Society, ed. Woodford A. Beach et al., 612-28. Chicago: Chicago Linguistic Society.

78. Talmy, Leonard. 1981. Force dynamics. Paper presented at conference on

Language and Mental Imagery, University of California, Berkeley.

79. Talmy, Leonard. 1983. How language structures space. In Herbert L. Pick and Linda P. Acredolo （eds.）, *Spatial Orientation: Theory, Research and Application*, 225-282. New York: Plenum Press.

80. Talmy, Leonard. 1988. Force dynamics in language and cognition. *Cognitive Science* 12, 49-100.

81. Talmy, Leonard. 2000. *Toward a cognitive semantics*, Vol. I & Vol. II. Cambridge: MIT Press.

82. Taylor, J. R. 1989. *Linguistic Categorization：Prototypes in Linguistic Theory.* （2nd ed.）. Oxford: Oxford University Press.

83. Taylor, J. R. 2002. Category extension by metonymy and metaphor. In Rene Dirven and Ralf Porings （eds.） *Metaphor and Metonomy in Comparison and Constrast*, 323-347. Berlin/New York: Mouton de Gruyter.

84. Traugott, E. C. 1978. On the expression of spatio-temporal relations in language. In J. H. Greenberg. （ed）, *Universals of Human Language.* III. Stanford: Stanford University Press, 369-400.

85. Traugott, E. C. 1989. On the rise of epistemic meanings in English: An example of subjectification in semantic change. *Language* 57: 33-65.

86. Traugott, E. C. 1995. Subjectification in grammaticalization. In Dieter Stein and Susan Wright, eds., *Subjectivity and Subjectivisation.* Cambridge: Cambridge University Press, 37-54.

87. Tsao, Feng-fu and Ting-Ting Hsu. 2005. Chinese "Dui" and its Grammaticalization. Paper presented at ICAL-13. Leiden University, Leiden, Netherlands, Jun. 9-11, 2005.

88. Turner, Mark. 1990. Aspects of the invariance hypothesis. *Cognitive Linguistics* 1:247-55.

89. Tyler, A. & Evans, V. 2003. *The semantics of English prepositions: spatial scenes, embodied meanings, and cognition.* New York : Cambridge University Press.

90. Vendler, Zeno. 1967. *Linguistics in Philosophy*. Cornell University Press.

91. Wang, Fu-mei. 2002. From a Motion Verb to an Aspect Marker: A Study of *Guo* in Mandarin Chinese. *Concentric: Studies in English Literature and Linguistics* 28.2:57-84.

92. Wu, Hsiao-Ching. 2003. A Case Study on the Grammaticalization of *GUO* in Mandarin Chinese- Polysemy of the Motion Verb with Respect to Semantic Changes. *Language and Linguistics* 4.4: 857-885.

93. Wu, Jiun-Shiung. 2007. Semantic Difference between the Two Imperfective Markers in Mandarin and Its Implications on Temporal Relations. *Journal of Chinese Linguistics* 35.2: 372-398.

94. Wu, Jiun-Shiung. 2009. Aspectual Influence on Temporal Relations: A Case

Study of the Experiential *Guo* in Mandarin. *Taiwan Journal of Linguistics* 7.2: 1-24.

95. Wu, Jiun-Shiung. 2010. Interactions between Aspect and Temporal Relations: A Case Study of the Perfective *le*. *Language and Linguistics* 11.1: 65-98.

96. Yu, Ning. 1998. *The Contemporary Theory of Metaphor: A Perspective from Chinese*. Amsterdam: John Benjamins.

中文參考書目

1. 中國社會科學院語言研究所古代漢語研究室（主編），1999，《古代漢語虛詞詞典》，北京：北京商務印書館。

2. 王力，1980，《漢語史稿》，北京：中華書局。

3. 王鴻賓，2007，〈介詞「自／從」歷時考〉，《上海師範大學學報》，第 36 卷第 1 期。

4. 石毓智，1995，〈時間的一維性對介詞衍生的影響〉，《中國語文》，1995 年第 1 期。

5. 吳守禮（編），2000，《國台語對照活用辭典》，台北：遠流出版社。

6. 呂叔湘，1980，《現代漢語八百詞》，北京：北京商務印書館。

7. 李福印，2008，《認知語言學概論》，北京：北京大學出版社。

8. 沈家煊，1999，〈轉指和轉喻〉，《當代語言學》，第 1 期。

9. 周芍、邵敬敏，2006，〈試探介詞「對」的語法化過程〉，《語文研究》，2006 年 01 期。

10. 邱秀華，1997，《國語中「時間就是空間」的隱喻》，國立中正大學語言學研究所碩士論文。

11. 邱湘雲，2008，〈客家話「打」字語法化初探〉，《彰化師大國文學誌》，第十六期。

12. 馬貝加，1999，〈處所介詞「向」的產生及其發展〉，《語文研究》，1999 年第 1 期。

13. 馬貝加，2002，《近代漢語介詞》，北京：中華書局。

14. 馬貝加、徐曉萍，2002，〈時處介詞「從」的產生及其發展〉，《溫州師範學院學報》，第 23 卷第 5 期。

15. 張敏，1997，〈從類型學和認知語法的角度看漢語重疊現象〉，《外國語言學》，第 2 期，37～45 頁。

16. 張會蘭，2009，《「從」類介詞研究》，華東師範大學對外漢語學院對外漢語系碩士論文。

17. 張瓊云，2011，《從時間即是空間的隱喻關係看閩南語的時間詞》，國立

新竹教育大學臺灣語言與語文教育研究所碩士論文。

18. 張麗麗，2003，〈動詞複合與象似性〉，《語言暨語言學》4.1：1-27。

19. 曹逢甫、蔡中立、劉秀瑩，2001，《身體與譬喻：語言與認知的首要介面》，台北：文鶴出版公司。

20. 梁炯輝，2009，〈臺灣閩南語語言源流與特色──以唐詩、三字經爲例〉，未出版。

21. 連金發，1999，〈臺灣閩南語「頭」的構詞方式〉，《第五屆中國境內語言暨語言學國際研討會論文集》，台北：中研院語言所籌備處：289～309頁。

22. 郭進屘，2008，〈閩南語和現代漢語的部分結構：可接近性和整體性〉，行政院國家科學委員會補助計畫。

23. 陳修（編），2003，《台灣話大辭典》，台北：遠流出版社。

24. 陸丙甫，2011，〈重度─標誌對應律──兼論功能動因的語用性落實和語法性落實〉，《中國語文》，2011 年第 4 期。

25. 程祥徽、田小琳，1992，《現代漢語》，台北：書林出版有限公司。

26. 楊秀芳，1991，《台灣閩南語語法稿》，台北：大安出版社。

27. 楊秀芳，2000，〈方言本字研究的觀念與方法〉，《漢學研究，18 卷特刊，臺灣語言學的創造力專號》，111～146 頁。

28. 楊蕙菁，2004，《「過」字語法化研究》，靜宜大學中國文學研究所碩士論文。

29. 董忠司（主編），2000，《台灣閩南語辭典》，台北：五南出版公司。

30. 董忠司（主編），2001，《福爾摩沙的烙印──臺灣閩南語概要（上冊）》，台北：行政院文化建設委員會。

31. 董爲光，2004，〈介詞「打」來源補說〉，《語言研究》，2004 年第 24 卷第 1 期。

32. 趙元任，1968，丁邦新譯，《中國話的文法》，台北：臺灣學生書局。

33. 劉子瑜，2011，〈《朱子語類》中的「從」字介賓結構研究──兼論介詞「從」的起源和發展〉，第七屆海峽兩岸漢語語法史研討會論文，浙江師範大學。

34，劉平，2006，〈古漢語中虛詞「自」的語法化歷程〉，《蘭州教育學院學報》，2006 年第 2 期。

35，劉瑞紅，2008，〈介詞「自」和「從」歷時比較簡析〉，《北京教育學院學報》，第 22 卷第 2 期。

36. 蔡依恬，2005，《上下古今、承前啓後：探究不同語言裡，對「時間」的思考方式》，國立成功大學教育研究所碩士論文。

37. 鄭良偉（編），1997，《台、現代漢語的時空、疑問與否定》，台北：遠流出版公司。

38. 鄧守信，1985，〈漢語動詞的時間結構〉，《語言教學與研究》，1985年第4期：7～17頁。

39. 戴浩一，2002，〈概念結構與非自主性語法：漢語語法概念系統初探〉，《當代語言學》4.1：1-12。

40. 戴浩一，2007，〈中文構詞與句法的概念結構〉，《現代漢語文教學研究》4.1：1-30。

網路資料

線上辭典

1. 《在線新華字典》
   http://tool.httpcn.com/Html/Zi/24/PWKOUYTBUYUYCAZD.shtml
2. 《教育部重編國語辭典修訂本》
   http://dict.revised.moe.edu.tw/
3. 《臺灣閩南語常用詞辭典》
   http://twblg.dict.edu.tw/holodict_new/index.html
4. 《線上台日大辭典》
   http://minhakka.ling.sinica.edu.tw/bkg/e-kha.php?kin=16& gi_gian=hoa

線上語料庫

1. 中央研究院「古漢語語料庫」http://hanji.sinica.edu.tw/
2. 中央研究院「現代漢語平衡語料庫」 http://db1x.sinica.edu.tw/kiwi/mkiwi/
3. 《荔鏡記（嘉靖本）》http://cls.hs.yzu.edu.tw/lm/origin1/all_Text.ASP
4. 楊允言「台語文語料庫」 http://iug.csie.dahan.edu.tw/TG/guliaukhou/